DAS GROSSE FRÜHLINGS-BASTELBUCH

Über 50 frühlingsfrische Projekte für die ganze Familie

DAS GROSSE FRÜHLINGS-BASTELBUCH

Über 50 frühlingsfrische Projekte
für die ganze Familie

VORWORT

Wenn im Frühling die Natur erblüht, bekommen auch wir Lust,
wieder Farbe und Frische bei uns einziehen zu lassen! Filigrane
Schmetterlinge und niedliche Vögelchen, bunte Blumen
und freche Osterhasen, lustige Marienkäfer und fröhliche
Partyeulen: eurer Fantasie sind keine Grenzen gesetzt!

Aus Papier, Naturmaterial, Perlen oder Stoff könnt ihr
gemeinsam wundervolle Projekte umsetzen. Ob zusammen
mit den Kleinen als Familien-Bastelprojekt oder für Kinder und
Erwachsene zum Selberbasteln, der Bastelspaß ist garantiert.

**HIER IST FÜR JEDEN WAS DABEI –
GANZ VIEL FREUDE BEIM KREATIVWERDEN!**

INHALT

FRÜHLINGSBUNTE KINDERIDEEN

Frühlingsfrische dekoideen

FRÜHLINGSKRANZ AUS HOLZSCHEIBEN

MATERIAL

PRO PINGUIN

- Holzscheiben in verschiedenen Größen
- Perlhuhnfedern oder Dekofedern
- 11 Holzstreuteile „Blumen", ⌀ 3 cm
- Acrylfarbe in Hellblau und Weiß
- Holzhalbperlen in Natur, ⌀ 6 mm
- Organzaband in Hellblau, 1 cm breit, 1 m lang
- Band mit Streifen in Weiß-Blau, 1,2 cm breit, 50 cm lang

MOTIVHÖHE

ca. ⌀ 30 cm

1 Einen Kreis in der gewünschten Größe mit Bleistift auf Papier zeichnen. Als Schablone kann man eine Schüssel oder einen Teller etc. nehmen.

2 Ein durchsichtiges Stück Nylon darauflegen (damit das Papier beim Fixieren der Holzstücke nicht anklebt) und die Holzscheiben auf der Kreislinie anordnen. Dabei zuerst die größeren Scheiben positionieren, dann darüber mittelgroße legen. Die Scheiben müssen eine durchgehende Linie bilden, es darf keine Lücke dazwischen sein. Alle Scheiben mit Holzleim zusammenkleben und über Nacht trocknen lassen.

3 Nun die kleineren Holzscheiben von vorne oder hinten mit der Klebepistole ankleben, bis der Kranz schön rund ist (das sieht man am besten, wenn man ihn auf den Boden legt und von oben darauf schaut). Mit den kleinen Holzscheiben kann man die eine oder andere „Delle" gut ausgleichen. Perlhuhnfedern dazwischen fixieren.

4 Einige der Holzblümchen in Weiß und Hellblau anmalen und vereinzelt auf Holzscheiben kleben. In der Blumenmitte wird jeweils eine Holzhalbperle aufgeklebt. Den Kranz mit den beiden verschiedenfarbigen Bändern aufhängen.

TIPP Einige Scheiben zuerst mit einer weißen Schrift bestempeln und dann mit Blümchen verzieren. Ein Loch einbohren und einen Faden durchziehen, eine Feder darankleben und den Faden durch eine Perle führen zum Aufhängen. Fertig ist der Schlüsselanhänger oder der Schmuck für den Osterstrauß.

Luftig-Leicht
mit Drahtgeflecht

ROSE

1 Zwei Rechtecke aus Filz in Rosatönen zuschneiden (siehe Vorlage). Zusammenlegen und aufrollen. Das Ende festkleben, am besten mit der Klebepistole. Drei kleine Blätter aus grünem Filz ausschneiden und unter der Blüte fixieren.

VOGELHAUS

1 Das Motiv auf Transparentpapier übertragen, auf einen weichen Hintergrund (Korkplatte, Schaumgummi, Filzplatte) legen und mit Stecknadeln fixieren.

2 Den Draht gemäß Vorlage biegen, das Holzstück hineinbinden.

3 Vögelchen gemäß Vorlage aus dem weißen Fotokarton und dem bedruckten Blatt ausschneiden, zusammenkleben und Auge und Schnabel aufmalen. Die Vögel auf den Ast kleben, oben die Rose anbringen.

ZETTELHALTER

1 Die Steine mit Draht wie ein Paket verschnüren, das Drahtende zu einer Schleife formen. Eine kleine Filzrose ankleben.

BALLERINA

1 Blütenblätter von Rosen, Mohnblumen oder Tulpen pressen.

2 Ballerina-Vorlage auf weißes Papier übertragen. Gesicht und Haare aufmalen. Die gepressten Blätter als Rock ankleben. Aus Draht Arme und Beine biegen und von hinten ankleben. Eine Filzrose am Kopf fixieren.

MATERIAL

PRO PINGUIN

- fester Draht in Brauntönen
- Fotokarton in Weiß
- bedrucktes Blatt, z. B. Zeitungspapier oder Buchseite
- Ast, ausgebleicht
- Filzreste in Grün, Hellgrün, Rosa, Hellrosa und Pink
- Steine
- gepresste Blumenblätter wie Mohnblumen, Rosen, Tulpe usw.
- Band mit Karomuster in Weiß-Rosa, 6 mm breit, 30 cm lang

MOTIVHÖHE
Vogelhaus ca. 17 cm

VORLAGE
Seite 130

Einfach Wunderschön
Natürliche Kunstwerke

Material

- selbstgepresste Frühlingsblüten
- Bilderrahmen aus Pappmaché, 42 cm x 42 cm (Ausschnitt 30 cm x 30 cm)
- Acrylfarbe in Mineralweiß
- Pappkarton, 30 cm x 30 cm
- Motivkarton Sweetheart I, 30 cm x 30 cm
- Tonkarton Mi Teintes in verschiedenen Farben, jeweils 6,5 cm x 6,5 cm
- grober Aquarellkarton, je Quadrat 6 cm x 6 cm
- Werkzeug
- flacher, weicher Pinsel
- doppelseitiges Schaumklebeband, 3 mm stark
- doppelseitiges Klebeband, 6 mm breit
- Alleskleber Kittifix

1 Suche dir die schönsten Frühlingsblüten in eurem Garten zusammen und presse sie. Achte darauf, dass die gepresste Blume nicht größer als 6 cm wird.

2 Den Bilderrahmen mit Acrylfarbe in Mineralweiß streichen und die Farbe gut trocknen lassen.

3 Schneide aus dem Aquarellkarton 16 Quadrate mit den Maßen 6 cm x 6 cm aus.

4 Aus dem Motivkarton Mi Teintes ebenfalls 16 Quadrate ausschneiden, diese allerdings in einer Größe von 6,5 cm x 6,5 cm.

5 Klebe die getrockneten Blüten mit jeweils wenigen Tropfen Klebstoff auf die Aquarellkartons, die du mit dem Klebeband auf den farbigen Untergründen befestigst.

6 Fixiere den karierten Motivkarton mit dem doppelseitigen Klebeband auf dem Pappkarton und lege ihn als Hintergrund in den Rahmen ein.

7 Befestige auf der Rückseite der Quadrate jeweils ein Stück Schaumklebeband und bringe sie auf den Motivkarton im Rahmen auf. Achte dabei darauf, dass du die Quadrate nicht in Reih und Glied anbringst, sondern bring etwas Dynamik ins Bild.

Tipp Auch wer keine Blumenpresse aus Kindertagen besitzt, kann Blumen pressen. Besonders gut eignet sich dafür ein Telefonbuch. Lege Kosmetiktücher zwischen die Seiten, in die du die Blumen legst. Stelle etwas Schweres auf das zugeschlagene Buch und lass die Blüten etwa eine Woche trocknen.

DEKORATIVE HÄNGEVASEN
FÜR ALLERLEI FRÜHLINGSBLUMEN

1 Das obere Drittel von sechs rohen Eiern abschlagen, die Eier leeren und den größeren Teil gründlich mit warmem Spülwasser reinigen.

2 Die Eier gut trocknen lassen, auf einen Schaschlikspieß stecken, mit Pastellspray einfärben und erneut gut trocknen lassen.

3 30 cm lange Streifen Satinband zuschneiden. Die Mitte der Bänder mit einem Klebestift einstreichen und die Bänder rund um die Eier kleben, sodass eine Art Körbchen entsteht. Die Satinbandenden verknoten.

4 Die Eier nach Belieben mit den Klebepunkten dekorieren, die Vasen mit etwas Wasser und kleinen Frühlingsblümchen befüllen.

TIPP Du kannst die Hängeeier auch mit kleinen Figuren oder Süßigkeiten befüllen und deine Lieben überraschen!

MATERIAL

- 6 rohe Eier in Weiß
- Pastell-Farbspray in Gelb, Rosa, Hellgrün, Hellblau und Flieder
- Klebepunkte in Weiß, ⌀ 8 mm
- Satinbänder in Hellgrün, Mint, Orange, Pink und Gelb, 6 mm breit
- Klebestift
- Frühlingsblumen

MOTIVHÖHE
ca. 20 cm

ZARTE OSTEREIER
AUS GIPSBAND

MATERIAL

- Luftballons in verschiedenen Größen
- Pumpe
- Gipsbandrolle, ca. 9 cm breit
- Styroporeier
- Hühnereier
- kleine Vogeleier (Wachteleier)
- Acrylfarbe in Gelb
- Lärchenzweig
- Federn in Braun und Weiß
- Blumendraht
- Küken in Gelb

MOTIVHÖHE
ca. 15-18 cm

1 Die Luftballons aufblasen und mit einem Knoten schließen. Mit Filzstift eine Linie (Öffnung) auf den Luftballon zeichnen, bis wohin die Gipsstücke geklebt werden (siehe Seite 121).

2 Das Gipsband zuerst in Streifen von ca. 3 cm schneiden und diese jeweils in Quadrate schneiden. Jedes Quadrat misst ca. 3 cm x 3 cm.

3 Viele Quadrate vorbereiten und diese auf den Luftballon aufkleben. Dazu jedes Stück in Wasser tauchen und sofort auf den Luftballon legen. Gleich nebenan das nächste Stück auflegen. Sorgfältig arbeiten, es dürfen keine Wassertropfen auf die Gipsstücke fallen, weil sonst alles zusammenklebt. Die gewünschte Fläche kaschieren und eventuell noch eine Schicht darüberkleben, so wird die Form fester.

4 Einen Faden an den kaschierten Luftballon knoten und ihn aufhängen. Über Nacht gut trocknen lassen, dann den Luftballon zum Platzen bringen und herausnehmen.

5 Mit gelber Farbe die Innenwand des großen Eis bemalen. Auch außen können die Eier bemalt werden. Aus dem Lärchenzweig ein kleines Nest oder einen Kranz formen. Die Äste kreuzen und mit Blumendraht fixieren (die Enden zusammendrehen). Mit Federn das Nest dekorieren. Wenn das Ei nicht durch den Kranz schon gerade steht, kann man auch einfach einen weißen Untersetzer aus Metall darunterkleben.

6 Mit der Gipsband-Technik kann man auch die Styroporeier kaschieren. Diese lässt man auf einem Stück Nylon trocknen.

TIPP In das kleine Nest ein Küken setzen. In die großen kann man Blumen stellen oder Eier legen. Man kann die Eier auch aufhängen, indem man zwei Löcher mit der Prickelnadel einsticht und eine Kordel samt Holzperlen einfädelt. So kann man das Ei mit Küken auch an den Osterstrauß hängen.

PAVILLON MIT VÖGELCHEN
BEZAUBERNDES SCHMUCKSTÜCK

1 Die Schablone viermal auf die glatte Seite des Kartons übertragen (siehe Seite 120); zweimal mit seitlichem Außenrand (gestrichelte Linie), zweimal ohne. Der untere Rand wird bei allen vier Teilen benötigt.

2 Die Felder in folgender Reihenfolge ausschneiden: Ornamente, seitliche Gitter, Innenausschnitte.

3 Nach dem Schneiden der Außenlinien die Falzlinien (gestrichelt in der Zeichnung) mit einem Cutter leicht anritzen. Die Falzlinien des Gebäudes an den glatten Innenseiten, die schrägen Linien des Daches an den geprägten Außenseiten anbringen.

4 Die Seitenteile ohne Falzlinie jeweils an einem mit Falzlinie befestigen, dann zu einem Gebäude zusammenfügen.

5 Für den Boden des Pavillons zwei Quadrate (14 cm x 14 cm und 13,8 cm x 13,8 cm) ausschneiden. Das größere Quadrat außen am Boden des Gebäudes festkleben. Danach den Boden innen mit Klebstoff versehen, das kleinere Quadrat leicht biegen, durch den Fensterausschnitt schieben und andrücken.

6 Die Dachkanten des Pavillons zusammenkleben. Wenn der Klebstoff getrocknet ist, die Kanten mit einer Silhouettenschere bündig zuschneiden. Die Dachspitze an den gebogenen Enden zusammenkleben.

8 Für die Aufhängung den Kreis doppelt ausschneiden. Die Hälften aufeinanderkleben. Ein doppelt gelegtes Satinband durch die Perle ziehen. Die losen Enden verknoten. Die Schlaufe durch die Mitte des Kreises fädeln, von unten durch die offene Dachspitze ziehen.

9 Aus den beiden Kartonstreifen eine Vorrichtung zur Befestigung der Nachtigall anfertigen und an der Innenseite des unteren Fensterrahmens anbringen. Bis auf den Schnabel alle Teile der Nachtigall aus doppelt gelegtem Karton ausschneiden. Die Teile zusammenfügen, dabei am Bauch den eingezeichneten Teil nicht mit Klebstoff versehen, damit der Vogel auf die Haltevorrichtung gesteckt werden kann.

MATERIAL

- 2 Bogen Fotokarton in Weiß, geprägt, 220 g/qm, A2
- Künstlerkartonreste in Creme, Braun und Gelb, 160 g/qm
- Satinband in Weiß, 3 mm breit
- Perle in Weiß, ø 1 cm

MOTIVHÖHE
ca. 32 cm

VORLAGE
Vorlage Seite 130

Dekoratives Vogelhaus
Zum Aufhängen

MATERIAL

- sägeraue Holzlatte, 12 cm breit, 58 cm lang
- Holzleiste, 1 cm stark, 4-5 cm breit, 2 x 20 cm lang (Dach)
- Sperrholzrest, 6 mm stark, 20 cm x 10 cm
- Acrylfarbe in Weiß, Hellblau, Blau, Hellbraun, Braun und Schwarz
- Blumendraht in Braun
- 2 Nägel
- Holzscheiben, ø 5-6 cm und 1 cm
- biegbare Äste, z. B. Reisig
- (künstliches) Schleierkraut in Rosa
- Holzblume, ø 4 cm
- Bohrer, ø 2 mm

MOTIVHÖHE
ca. 58 cm

VORLAGE
Seite 131

1 Die Latte an einem Ende spitz zusägen und die Holzleiste für das Dach passend zuschneiden. Dazu die Leisten an die Lattenspitze anlegen, Winkel und Länge markieren und zusägen.

2 Die Dachleisten hellbraun bemalen und mit Braun und Schwarz an den Rändern schattieren. Die Latte mit verdünnter hellblauer Farbe bemalen. Die Ränder mit etwas Braun oder Blau schattieren (siehe Seite 120/121). Gut trocknen lassen.

3 Dann mit einem Pinsel weiße Farbe aufspritzen. Dazu den Pinsel über die Fläche halten und mit dem Finger leicht auf den Stiel schlagen. Ebenso noch blaue Kleckse auftragen.

4 Die Dachleisten an die Latte kleben. Die große Holzscheibe aufkleben, darauf die Blume sowie die kleine Holzscheibe kleben. Auf der Rückseite an der Spitze einen Nagel einschlagen und ein Drahtstück als Aufhängung daran befestigen.

5 Die Vogelkörper aus Sperrholz aussägen und die Kanten mit Sandpapier glätten. Die Vögel weiß bzw. hellblau bemalen. Die Ränder der Körper blau schattieren. Für die Flügel eine Holzscheibe halbieren und sie hellbraun bemalen. Gut trocknen lassen, dann kleine Buntstiftstriche aufsetzen. Die Augen mit einem wasserfesten Stift malen.

6 Die Drahtfüße der Vögel gemäß Vorlage biegen und an die Körper kleben. Als Schnäbel Zweigstücke anbringen. Die Flügel aufkleben.

7 An einem Vogel auf der Rückseite ein ca. 10 cm langes Stück Draht anbringen. Damit dieses stabiler ist, zwei bis drei Drahtstücke miteinander verdrehen. Ein kleines Loch in die Dachleiste bohren und das Drahtende dort ankleben.

8 Aus Reisig einen ca. 17 cm großen Kranz formen und stellenweise mit Draht fixieren. Schleierkraut aufkleben und dann an einem eingeschlagenen Nagel ans Vogelhaus hängen. Den Vogel in die Mitte setzen.

HERZLICH WILLKOMMEN
KLASSISCHER KRANZ FÜRS FENSTER

1 Zunächst den Strohkranz straff mit Kokosschnur umwickeln. Anfang und Ende der Schnur mit Drahthaften fixieren.

2 Nun das Maulbeerbaumpapier mit Kreidefarbe in Rosa und Türkis färben (siehe Seite 120). Das Papier trocknen lassen und in ca. 1 cm breite und ca. 20 cm lange Streifen schneiden. Die Streifen etwas knüllen und zu kleinen Blüten aufrollen. Das Ende der Papierstreifen mit Papierkleber fixieren. Die Papierzweige mit der Motivstanze aus alten Buchseiten ausstanzen.

3 Als Nächstes den Metallring mit grauem Masking Tape umwickeln und mit Blumendraht auf dem Kranz befestigen.

4 Nun den Spitzenstoff etwas größer als den Metallring zuschneiden und mit Heißkleber Stück für Stück außerhalb des Rings auf der Kokosunterlage befestigen. Die Papierblüten und Zweige anschließend mit Papierkleber festkleben.

5 Die Vorlage für das Herz auf das Sperrholz übertragen und mit einer Laub- oder Dekupiersäge aussägen. Die Sägekanten mit dem Schleifvlies glätten und das Herz beidseitig mit weißer Kreidefarbe bemalen. Nach dem Trocknen der Farbe diese grob abschmirgeln und den Schleifstaub mit einem feuchten Tuch entfernen.

6 Nun mit dem Silikonstempel und schwarzer Stempelfarbe eine Zweiggirlande entlang der Kante stempeln und den Schriftzug „Welcome" mit Lavendelöl übertragen (siehe Seite 121).

7 Das fertige Herz und eine Schleife aus farblich passendem Band mit Heißkleber auf den Spitzenstoff kleben.

TIPP Dem ehemals schwarzen Kranzhalter habe ich mit weißer Kreidefarbe einen freundlicheren Anstrich verpasst.

MATERIAL

- Strohkranz, ø 30 cm
- Kokosschnur
- 2 Drahthaften
- Metallring, ø 25 cm
- Masking Tape in Grau
- Spitzenstoff in Türkis, 30 cm x 30 cm
- Sperrholz, 6 mm stark, ca. 25 cm x 25 cm
- Kreidefarbe in Weiß, Türkis und Rosa
- Maulbeerbaumpapier in Weiß
- alte Buchseiten
- Motivstanzer „Zweig"
- Lavendelöl
- Silikonstempel „Zweig"
- Acrylblock für Silikonstempel
- wasserfeste Stempelfarbe in Schwarz
- farblich passendes Band
- Schleifvlies
- Blumendraht, geglüht
- Kranzhalter
- Laub- oder Dekupiersäge
- Heißkleber
- Papierkleber

VORLAGE
Seite 129

STAUNENDE ÄFFCHEN
MIT SCHMETTERLING

MATERIAL

MOTIVHÖHE

ca. 36,5 cm ohne Lianen

MATERIAL

- Fotokarton in Hellgrau, A3
- Fotokarton in Weiß, A4
- Fotokartonreste in Schwarz, Gelb, Hellgrün, Pink und Türkis
- Musterkarton mit Fotodruck Rinde, A3
- Wollschnur in Hellgrün, ca. ⌀ 5 mm, ca. 1,20 m lang
- Acrylfarbe in Schwarz
- Kartoffel
- Pinsel
- Messer
- alte Zeitung

VORLAGEN

Seite 129

1 Alle Motivteile auf den jeweiligen Karton übertragen und ausschneiden (siehe Seite 120). Für die Finger eine Nagelschere verwenden. Für den Baumstamm evtl. eine Schablone erstellen. Die mit einer Schere gekennzeichneten Linien mit dem Cutter entlang einschneiden.

2 Die beiden Affenschwänze auf eine Unterlage legen. Die Kartoffel für den Druck halbieren und aus jeder Hälfte einen Streifen zuschneiden (1 cm breit für den kleinen Affen, 2 cm breit für den großen). Die Streifen mit Acrylfarbe bepinseln und damit die beiden Schwänze in gleichmäßigem Abstand bedrucken. Immer wieder Farbe auftragen und der Rundung des Schwanzes folgen. Dabei wird es sogar umso schöner, je ungleichmäßiger der Abdruck wird. Die Farbe gut trocknen lassen.

3 Die grauen Körperteile der Affen mit grauem und schwarzem Buntstift schattieren. Besonders die Beinkonturen, die Fingerspitzen und die Köpfe hervorheben. Die weißen Körperteile beider Lemuren mit rosafarbenen Wangen bemalen und die grauen Körper so nach Vorlage darauf festkleben, dass die eingeschnittenen Ohren oben überstehen. Die Köpfe mit schwarzen Augenflecken und gelben Augen bekleben und die Pupillen mit Filz- und Lackmalstift aufmalen.

4 Die grauen Schnauzen ergänzen und darüber die Nasen fixieren. Die Schwänze unter den Körpern ankleben. Den kleinen Affen durch die Einschnitte der Beine so auf den Rücken der Mutter schieben, dass seine Beine oben aufliegen. Beide Affen sollen in die gleiche Richtung schauen. Sitzt es perfekt, das Äffchen mit Klebepads festkleben.

5 Die Affen auf dem Baumstamm fixieren und das weitere Bein der Mutter von hinten ergänzen. Die Wollschnur rechts und links des Affen jeweils ein- oder zweimal um den Stamm wickeln, beliebig lang als Liane hängen lassen und festkleben. Pinkfarbene Blüten zuschneiden, mittig mit weißem Lackmal- und gelbem Filzstift Punkte aufmalen und zusammen mit grünen Blättern auf den Lianen verteilen. Zuletzt den Schmetterling mit einem schwarzen Körper bemalen und mit blauen Zierlinien versehen. Diese kannst du von Hand aufmalen oder vorher mit Transparentpapier darauf übertragen.

AUS DEM RAHMEN GEFALLEN
EINE BLÜHENDE FANTASIE

1 Damit dieses Frühlingsbild richtig wirken kann, sollte der Rahmen einen sehr breiten Rand haben. Ein paar Macken stören dabei nicht. Mit der weißen Acrylfarbe den Bilderrahmen streichen. Wir haben die Farbe zweimal aufgetragen, dennoch aber darauf geachtet, dass der Farbauftrag nicht ganz gleichmäßig wird. Wenn du den Vintage-Look noch verstärken möchtest, kannst du die Farbe an einigen Stellen mit etwas Schleifpapier wieder abnehmen.

2 Sobald die Farbe durchgetrocknet ist, kann der Haselzweig mit Heißkleber befestigt werden. Es genügen zwei oder drei Klebepunkte. Es lohnt sich nach einem passenden Zweig zu suchen – je besser der Zweig ins Bild passt, desto schöner wirkt das Endergebnis.

3 Dekoriere den Zweig mit den Wollpompons, die du ebenfalls mit Heißkleber anbringst. Kombiniere satte, starke Farben mit zarten Pastelltönen, so entsteht ein schönes Gesamtbild – perfekt für den Frühling.

MATERIAL

- ausgedienter, opulenter Bilderrahmen
- ein passendes Stück Haselzweig
- Wollpompons in verschiedenen Größen und Farben
- Acrylfarbe in Mineralweiß
- Werkzeug
- Heißkleber
- flacher Pinsel

TIPP Der Korkenzieherhaselzweig eignet sich besonders gut für diese Dekoidee. In den Windungen lassen sich die Pompons perfekt platzieren und fixieren.

DEKORATIVE GLASGLOCKE
HÜBSCHER BLICKFÄNGER

MATERIAL

- Glasglocke, ca. ø 16 cm, 20 cm hoch
- Teller oder Metallschale als Unterlage
- Steckmasse, ca. 6 cm x 6 cm x 4 cm
- Steckhaften
- Messer
- etwas Moos
- kleine Zweige
- kleine Blüten
- Motivstanzer Schmetterling, 2 cm groß
- Tonkartonrest in Wunschfarbe und Muster
- Heißkleber
- Holzosterei, 2 cm hoch
- Stoffrest in Cremeweiß
- Stempel „La Papillon"
- Stempelfarbe in Flieder
- Schere
- Kordel, ca. 10 cm lang
- kleine Metall-Öse (plus Befestigungswerkzeug), ø 0,5 cm

1 Runde die Ecken und Kanten der Steckmasse mit einem Messer leicht ab. Tauche die Steckmasse in Wasser, bis sie sich vollgesogen hat und lege sie mittig auf den Teller.

2 Bedecke die Steckmasse mit etwas Moos, das du mit Steckhaften befestigst. Stecken ein paar kurze Zweige in die Steckmasse, die Zwischenräume füllst du mit verschiedene Blüten (nach Wunsch) auf.

3 Stanze ein bis zwei Schmetterlinge aus dem Tonkarton aus und klebe diese mit einem Klecks Heißkleber auf den Ästen fest.

4 Stempel „La Papillon" auf den Stoffrest und schneide diesen zu einem Streifen mit spitzen Enden zu. Stanze oben in den zugeschnittenen Stoffstreifen ein Loch und befestige die Öse.

5 Fädel den Stoffstreifen auf ein Stück Kordel und binde es oben an der Glasglocke fest. Dekoriere die Glasglocke zusätzlich mit einem kleinen Holzosterei.

6 Stülpe die Glasglocke über das Blütenarrangement. Befeuchte regelmäßig die Steckmasse. Dies geht am besten mit einer Blumenspritze.

NIEDLICHE VÖGELCHEN AUS HOLZ

1 Die Vogelform von der Vorlage auf festes Transparentpapier abpausen. Ausschneiden, auf das Holz legen und mit einen Bleistift die Umrisse nachzeichnen. Mit der Dekupiersäge aussägen und mit Schleifpapier die Ränder abschmirgeln.

2 Den Holzstamm in der gewünschten Höhe zuschneiden. Mit einem Bohrer (3 mm-Spitze) die Löcher in den Körper und in den Holzstamm bohren.

3 Das Körperstück mit weißer Acryl-farbe bemalen und an den Rändern mit wenig Grau schattieren. Gut trocknen lassen und mit Buntstiften in Weiß sowie braun-grauen Tönen kleine Striche auf den Bauch und auf den Flügel malen. Der Flügel entsteht aus einer Holzscheibe, die in der Mitte durchgesägt wurde.

4 Das kleine Aststück für den Schnabel ankleben, das Auge aufmalen (mit einem schwarzen dünnen Filzstift), mit einem weißen Lackmalstift einen Lichtpunkt in die Pupille setzen. Den Metallstab zuerst in den Holzstab kleben, dann den Vogel am oberen Ende des Stabes fest-kleben.

5 Die Girlande aus den Zweigen formen und mit dünnem Draht zu-sammenbinden. Sie wird oben auf den Holzstamm gelegt, zu Füßen des Vogels. Die Girlande wird mit Federn, Wachteleiern, Schleierkraut und kleinen Filzrosen dekoriert.

6 Für jede Filzrose werden zwei Filzstreifen in Hell- und Dunkelrosa aufgerollt. Die fertige Blüte wird auf ein grünes Blattstück geklebt.

7 Um den Holzstamm eine weiße Kordelschleife binden.

MATERIAL

- Leimholz, 1,8 cm stark, 20 cm x 30 cm
- 2 Metallstäbe, ø 3 mm, 2 x 9 cm
- 2 Holzscheiben, ø 4 cm
- 2 Holzstämme, ø 5 cm, 5 cm und 12 cm hoch
- Kordel in Weiß, ø 1 mm
- Äste für Schnäbel
- Acrylfarbe in Weiß und Grau
- Rebenzweige
- Federn
- Wachteleier
- Filzreste in Rosa, Hellrosa und Grün
- Schleierkraut
- Bohrer, ø 3 mm
- Dekupiersäge

MOTIVGRÖSSE
Ca. 27 cm

VORLAGE
Seite 129

SCHICKE EISSCHALE
AUS BLÜTEN

MATERIAL

- 2 Plastikgefäße,
  ca. ⌀ 22 cm und 16 cm
- Klebestreifen
- Gewicht oder Stein
- Eiswürfelbehälter
- Limette
- Erdbeeren
- essbare Blüten wie Gänse-
  blümchen, Butterblumen,
- Stiefmütterchen
- Zitronenmelisse- und
  andere Kräuterzweige

MOTIVGRÖSSE
ca. 8 cm

1 Für diese Schale braucht man zwei Gefäße aus Plastik, von denen eines einen mindestens 5-6 cm größeren Durchmesser hat, damit man sie so ineinander stellen kann, dass ein Zwischenraum bleibt. Damit ein Eisboden entstehen kann, muss die kleinere Schüssel in der anderen mit Klebestreifen an den vier Seiten straff auf der gleichen Randhöhe fixiert werden.

2 Die Früchte und Pflanzen vorbereiten, die in die Schale gelegt werden sollen. Limette in dünne Scheiben schneiden, Erdbeeren filetieren usw.

3 In die Schale die Zweige der Zitronenmelisse oder auch anderer Kräuter rundherum einlegen und dann erst den Rand mit den Blüten und Früchten füllen: Die Zweige verhindern, dass die anderen Früchte auf den Boden sinken.

4 Das Wasser ganz langsam und von einer Seite mit einem spitzen Gießer in das größere, äußere Gefäß füllen. Damit das innere Gefäß dabei nicht hochgetrieben wird, einen Stein oder etwas anderes Schweres hineinlegen. Die Randhöhe muss bei beiden Gefäßen gleich bleiben (wie mit den Klebestreifen fixiert).

5 Das Gefäß noch nicht randvoll machen. In die Gefriertruhe stellen, dann noch ein bisschen Wasser nachfüllen. Einen Eiswürfelbehälter ebenfalls mit Wasser füllen und essbare Blüten oder Früchte in die einzelnen Fächer legen.

6 Alles mindestens über Nacht gefrieren lassen. Wenn die Eisschale fertig ist, herausnehmen und in Wasser legen, um die Glasschalen abzulösen. Die Eisschale in einen Teller stellen, in dem das Schmelzwasser Platz hat.

7 Die Eisschale mit Eiskugeln füllen und z. B. mit Eiswürfeln garnieren.

VOGELHOCHZEIT
ZWEI VÖGELCHEN IN DER ASTSCHAUKEL

1 Zunächst die Schaukel fertigen. Lege den 75 cm langen Papierdraht dazu doppelt und verdrille die beiden Stränge miteinander. Dabei wie in der Biegevorlage eingezeichnet mittig eine Schlaufe für die Aufhängung einarbeiten.

2 Die Schaukel in Form biegen, die Enden um den Ast legen, verdrillen und anschneiden.

3 Die beiden Vögelchen aus den 40 cm langen Drahtstücken biegen. Beginne und ende dabei oberhalb der Beinchen und lass am Anfang mindestens 5 cm Draht stehen. Die Drahtenden ein paar Mal miteinander verdrillen, damit der Körper geschlossen wird und ein kurzes Bein entsteht.

4 Die Vögelchen mit den Papierteilen (mithilfe der Papiervorlage zuschneiden) hinterkleben. Die offenen Drahtenden der Beine um den Ast biegen, auf der Rückseite fest verdrillen und abschneiden.

5 Jetzt sitzen die Vögelchen in der Astschaukel. Probiere aus, wie du die Beinchen biegen kannst, damit das Vogelpaar eine harmonische Position zueinander hat.

6 Zuletzt mithilfe der Vorlage ca. 7 Blätter zuschneiden. Mit den kurzen Drahtstücken die Blattadern und Zweige biegen und auf die Papierblätter kleben. Die Blätter wie abgebildet oder nach Wunsch mit Klebstoff am Ast und an der Schaukel anbringen.

MATERIAL

- Papierdraht in Natur, ø 2 mm, 75 cm (Schaukel),
- 2 x 40 cm (Vögelchen), 7 x 10 cm lang (Blätter)
- doppelseitig bedrucktes Scrapbooking-Papier in Hellblau mit Blumen/ Vichycaro und in Hellblau mit Paisley/ Punkten
- Ast mit kleinen Zweigen, ø 5-7 mm, ca. 16 cm lang

MOTIVGRÖSSE
Ca. 15 x 15 cm

VORLAGE
Seite 135

Goldiges Gänsepaar
Mit Blumenkorb

- Holzlatte, 1,8 cm stark, 14 cm breit, 55 cm hoch (große Gans) und 51 cm hoch (kleine Gans)
- Sperrholzrest, 6 mm stark, ca. 15 cm x 15 cm
- Buchskranz, ø ca. 7,5 cm
- Band in Weiß-Grau-Silber gestreift, 1 cm breit, 40 cm lang
- Acrylfarbe in Weiß und Grau (Taupe)
- Holzkiste, ca. 10 cm hoch, ca. 30 cm breit
- Holzblume in Weiß, ø 3-4 cm
- Rohholzhalbkugel, ø 1 cm
- dünne Kordel
- Paketschnur, ø 2 mm, 3 m lang
- Holzknopf in Weiß, ø ca. 2,5 cm

MOTIVGRÖSSE
ca. 55 cm

VORLAGE
Seite 131

1 Die Körper aus den Holzlatten aussägen. Die Kanten mit Schleifpapier glätten. Die Gänse, die Holzkiste und die Halbkugel mit verdünnter, weißer Farbe bemalen. Trocknen lassen. Die Schnäbel mit grauer Farbe aufmalen.

2 Die Flügel aus Sperrholzholz aussägen und die Kanten mit Schleifpapier glätten. Dann grau bemalen und nach dem Trocknen mit dem stumpfen Ende eines Schaschlikstabes weiße Punkte aufsetzen. Für jeden Punkt den Stab erneut in Farbe tauchen.

3 Die Augen mit einem dünnen, wasserfesten Stift aufmalen und einen weißen Lichtpunkt setzen.

4 Die Gänse mit ca. 1 cm Abstand zueinander mit Holzleim hinter die Kiste kleben. Eine Kordel um die Kiste binden und vorne verknoten. Darüber einen Knopf kleben.

5 Einer Gans eine Schleife um den Hals binden. Daran die Blüte mit aufgeklebter Halbkugel als Blütenmitte mit einem dünnen Faden befestigen. Die andere Gans bekommt einen Kranz. Dazu den Kranz aufschneiden, umlegen und auf der Rückseite festkleben.

TIPP Die Gänse können auch im Badezimmer Föhn, Kamm und Bürsten halten oder in der Küche Kochlöffel und kleine Utensilien.

DEKORATIVE SCHALE
AUS BETON

1 Arbeitsfläche sorgfältig abdecken, alles Material bereitlegen. Die zwei Metalldosen rundherum mit Moosgummi bekleben.

2 Die Schachteln für alle Teile gut mit Öl einreiben oder mit Klebestreifen innen abkleben. Die Metalldosen in den runden Schachteln mit der Klebepistole befestigen, damit sie beim Eingießen des Betons nicht verrutschen.

3 Den Beton gemäß Herstellerangaben anmischen; dabei hilft ein Kochlöffel, der nicht mehr in der Küche verwendet werden kann.

4 Die Schachteln bis zum Rand mit Beton füllen, zuvor die Metalldosen beschweren, z. B. mit Steinen. Die Dosen werden nicht mit Beton gefüllt! Die Stielgläser einfach mit einbetonieren, dazu beim Eingießen gut festhalten. Alle Werkzeuge sofort abwaschen.

5 Nach einer Trocknungszeit von mindestens 24 Stunden die Schachteln zerreißen und die Metalldosen aus der Betonform herausnehmen. Den so entstandenen Betonring bei Bedarf mit Schleifpapier glätten.

6 Einen Papierstreifen gemäß Vorlage auf die Schale für den Kaktus aufkleben, darunter den silbernen Streifen aufmalen. Trocknen lassen und die zwei Papierklebestreifen gemäß Vorlage fixieren, dazwischen mit einem Spachtel die Strukturpaste auftragen. Mit einem Schaschlikstäbchen das Muster eindrücken und die Klebestreifen abziehen.

7 Die Rosenkreise von der Vorlage auf die Klebefolie übertragen, ausschneiden und diese Folienschablone auf dem Beton positionieren. Das Kreisrund mit Strukturpaste füllen. Mit einem Schaschlikstäbchen das Blütenmuster einritzen und sofort die kleinen Halbperlen in die Paste drücken. Die Schablone abziehen. So rundherum Rosen auftragen. An jeder Rosenblüte mit einem dünnen Pinsel die Blätter mit derselben Farbe aufmalen.

8 Zuletzt den Kaktus bzw. die Glasröhre mit den Blumen in die Betonringe stellen.

MATERIAL

- runde Schachteln aus Karton, ca. ø 14 cm, 18 cm, 2 x 9 cm
- Beton (Kreativ-Beton), 5 kg
- 2 Metalldosen, ca. ø 8 cm
- Moosgummi
- Speiseöl und Pinsel oder breiter Klebestreifen
- Strukturpaste fein
- Acrylfarbe in Perlmutt-Weiß und Silber
- Papierklebeband
- Halbperlen in Weiß, ø 6 mm
- Klebefolie
- Glasvase, ø 8-9 cm, 30 cm hoch
- 2 Gläser
- Schleifpapier
- Schaschlikstäbchen

MOTIVGRÖSSE
Ca. 10 cm

VORLAGE
Seite 132

HASENLICHT
STIMMUNGSVOLLE DEKO

MATERIAL

- Material
- Gipsbinden
- Kreidefarbe in Weiß
- Ölkreide in Terrakotta
- Pinselstift in Schwarz
- Basic-Pen in Weiß
- Schaschlikstäbchen
- Leinenschnur
- Metallglöckchen
- Graupappe
- Heißkleber

VORLAGE
Seite 129

1 Zuerst die Vorlage für den Hasen auf Graupappe übertragen und mit einer Schere ausschneiden (siehe Seite 120).

2 Nun vom Schaschlikstäbchen ca. 6 cm abschneiden und mit Heißkleber mittig auf die zugeschnittenen Vorlagen kleben. Dabei das Holz zur Hälfte über den unteren Rand der Vorlage hinausstehen lassen, damit die Hasen später gut befestigt werden können. Als nächstes die Vorlagen beidseitig mit Gipsbinden überziehen (siehe Seite 121).

3 Nach dem Trocknen wird der Hase mit weißer Kreidefarbe bemalt. Die Farbe trocknen lassen und mit Ölkreide in Terrakotta die Backen aufwischen. Für Schnauze und Augen verwendest du den schwarzen Pinselstift. Lichtpunkte und Sommersprossen werden mit dem Basic-Pen aufgesetzt.

4 Zum Schluss den Hals des Hasen zwei bis drei Mal mit der Leinenschnur umwickeln und ein Metallglöckchen festknüpfen.

TIPP Kontrastreich zur Hasendeko wirkt eine bemalte Kachel aus Kreativbeton. Dafür die gegossene Kachel mit weißer Kreidefarbe grundieren und anschließend mithilfe einer Schablone und schwarzer Kreidefarbe mit einem Rautenmuster versehen.

FRÜHLINGSLEICHTE FAMILIENIDEEN

PARTY-EULEN
MIT HUT

MATERIAL

- Material
- Eicheln
- Permanentmarker in Schwarz und Weiß
- Fotokartonreste in Gelb und in Farben nach Wahl
- Feder in Gelb
- Pompon, ⌀ 1 cm
- Basteldraht, ⌀ 0,4 mm
- Bügelperlen
- Schere
- Klebestift
- Prickelnadel

VORLAGE
Seite 133

1 Zeichne den Eicheln zunächst ein Gesicht mit schwarzem und weißem Permanentmarker auf. Dann schneidest du aus gelbem Fotokarton einen Schnabel nach Vorlage aus. Die Flügel schneidest du ebenfalls aus buntem Fotokarton aus. Klebe die Einzelteile an die Eule.

2 Für einen Partyhut schneidest du einen Halbkreis nach Vorlage aus Fotokarton aus und legst ihn zu einem Trichter zusammen. Klebe die überlappenden Seiten zusammen und befestige einen Pompon an der Spitze. Als Alternative kannst du mit einer Prickelnadel in die Spitze der Eichel stechen und dann eine kleine Federspitze mit etwas Kleber hineinstecken.

3 Für einen Sitzkreis nimmst du ein etwa 15 cm langes Stück Draht und fädelst ca. 30-35 bunte Bügelperlen auf. Biege das Ganze zu einem Kreis und verzwirble die beiden Drahtenden zu einem Strang. Dann kannst du deine Eulen mit Klebestift dort hinein kleben.

KLEINE GÄRTNERIN AM FENSTER

1 Die Einzelteile ausschneiden und schattieren. Das Kleid mit Lackmalstift verzieren und die Rosenblätter mit Dekostift aufmalen. Die Zöpfe mit Buntstift bemalen. Das Gesicht wie in der allgemeinen Anleitung auf Seite 122 beschrieben mit Filz-, Lackmal- und Buntstift gestalten.

2 Nun die Motivteile zusammenfügen: Einen Schlitz in den Hut schneiden und den Kopf mit aufgesetzten Haaren einschieben und festkleben. Die Schleife aufkleben.

3 Zum Einschieben des Armes einen Schlitz unterhalb des Ärmels schneiden und ihn auf der Rückseite festkleben. Unter die Hand die Gießkanne setzen. Die Röschen und den Kragen aufsetzen und Beine mit Socken und Schuhen von der Rückseite anbringen.

4 Den Blumentopf zusammenkleben und beide Motivteile nahe beisammen am Fenster platzieren.

MATERIAL

- Material
- Fotokarton in Hellviolett oder Lila, A4
- Fotokartonreste in Hellgrün, Grün, Hautfarbe, Gelb, Hellbraun, Braun und Weiß
- Prägekartonrest mit Spiralmuster in Creme
- 6 Satin- oder Papierröschen in Weiß, ø 1 cm
- Satinband in Weiß-Grün kariert, 6 mm breit, 2 x 10 cm lang
- Dekostift in Grün

MOTIVGRÖSSE
ca. 37 cm

VORLAGE
Seite 133

FRISCH GESCHLÜPFTE KÜKEN
EROBERN DIE WELT

- Material
- 6 rohe Eier in Weiß
- Prickelnadel
- Satinband in Rosa,
  6 mm breit
- Baumwollschnur in Pink
- Heißkleber
- 8 Chenille-Küken in
  verschiedenen Farben,
  ca. 3 cm groß
- bunte Holzperlen, ⌀ 6 mm
- Holzkleiderbügel in Weiß

MOTIVHÖHE
ca. 40 cm

1 Mit einer Prickelnadel mittig ein Loch in die Eier stechen und dieses vorsichtig erweitern, bis es eine Größe von ca. 3 cm x 3 cm erreicht hat. Das Ei entleeren, mit warmem Spülwasser gründlich reinigen und auf einem Stück Küchenkrepp trocknen lassen (siehe Seite 124).

2 Rosafarbenes Satinband in drei ca. 12 cm lange Stücke schneiden, die Bänder übereinanderlegen und mittig mit der Baumwollschnur in Pink zusammenknoten. Die Satinbänder unterhalb des Knotens zusätzlich mit etwas Heißkleber zusammenkleben, sodass eine Tassel entsteht. Fertige für jedes Ei eine Tassel auf die gleiche Weise.

3 Die Tasseln mit Heißkleber von unten an den Eiern befestigen. Mit einer Prickelnadel oben mittig ein Loch in die Eier stechen. Ein 20 cm langes Stück Baumwollschnur von innen durch das Loch fädeln und auf der Innenseite mit einem Mehrfach-Knoten sichern. Zum Schluss die Perlen auf die Baumwollschnur fädeln, die Eier am Kleiderbügel aufhängen und die Chenille-Küken in den Eiern arrangieren.

HEITERE HASEN
MIT MÖHREN

1 Den Holzpfosten auf eine Höhe von 29 cm zusägen. Den Kopf des Hasen von der Vorlage auf das Leimholz übertragen und aussägen. Beim zweiten Hasen nach Wunsch das Gesicht kontern. Die Formen eventuell mit Sandpapier an den Kanten abschleifen. Die zwei Löcher für den Hals bohren (ca. 2 cm tief in den Kopf und ca. 2 cm tief in den Körper).

2 Einen Hasen bemalen, dazu weiße Acrylfarbe mit Wasser verdünnen, damit die Struktur des Holzes durchschimmert. Solange die Farbe noch nass ist, an einigen Stellen mit hellbrauner oder grauer Acrylfarbe schattieren. Der andere Hase wird mit hellgrauer oder hellbrauner Farbe bemalt. Solange die Farbe noch nass ist, die Ohren mit ein bisschen Grau oder Braun schattieren.

3 Die Augen mit einem wasserfesten Filzstift aufmalen. Die Wangen röten und die Rohholzhalbkugel als Nase grau bemalen und aufkleben.

4 Die Figur mit Holzleim zusammenkleben. Den Kopf des Nagels mit einer Zange abknipsen und mit einem Hammer in den Holzpfosten treiben oder einfach hineinkleben. Dann den Hasenkopf festkleben (der Hals muss ca. 2-3 cm herausschauen).

5 Die Karotten gemäß Vorlage aus Karton zuschneiden und mit Bastfaden umwickeln. Den Anfang des Fadens mit der Klebepistole mit wenig Klebstoff fixieren. Die Karotte in Gelb und Orange bemalen. Ein Bündel aus weiteren Bastfäden mit dünnem Draht zusammenbinden. In Grüntönen bemalen. Gut trocknen lassen und dann die zwei Teile der Möhre zusammenkleben. Das Leinenband um den Körper binden und die Karotte mit einigen Bastfäden dranbinden. Gestreiftes Schleifenband um den Hals knoten.

TIPP Witzige Karotten kann man auch mit Kordel gestalten, oder man klebt einfach Korkpapier auf den Karton und gestaltet mit Draht das Möhrenkraut.

MATERIAL

- Material pro Hase
- Leimholz, 1,8 cm stark, 20 cm x 20 cm
- Holzpfosten, 8 cm x 8 cm, 30 cm hoch
- Kartonreste
- Bast in Natur
- Nagel, ø 3 mm, 6-7 cm lang
- Rohholzhalbkugel, ø 3 cm
- Korkpapierrest
- Band mit Streifen in Orange-Weiß und Grün-Weiß, 1 cm breit
- Band aus Leinen, 4 cm breit, 30 cm lang
- Acrylfarbe in Weiß, Hellgrau, Hellbraun, Gelb, Orange, Hellgrün und Grün

MOTIVGRÖSSE
ca. 45 cm

VORLAGE
Seite 132

WACHGEKÜSST
VOLLER VORFREUDE AUF DEN FRÜHLING

MATERIAL

- Material
- Filztopfbänder in Pastelltönen
- passende Karobänder, 10 mm breit und jeweils 30 cm lang
- passendes Stickgarn
- Nähgarn
- Tonkarton für die Schablonen

WERKZEUG
- Sticknadel
- Nähnadel
- Stecknadel
- Schere mit langem Scherblatt

VORLAGE
Seite 129

1 Übertrage die Vorlagen auf Tonkarton. Wie du am besten Vorlagen überträgst, erfährst du auf Seite 120. Die Schablone aus Tonkarton mit einer Stecknadel auf dem Topfband feststecken.

2 Schneide für jeden Anhänger das entsprechende Motiv zweimal aus dem Filz aus.

3 Die beiden Teile eines Anhängers aufeinanderlegen und mit dem Stickgarn zusammennähen. Verwende dazu einen attraktiven Auf- und-Ab-Stich und ziehe die Naht kräftig zu, damit der Anhänger Volumen bekommt.

4 Die Karobänder in der Mitte falten und die Enden verknoten. Die Aufhänger unauffällig hinten am Knoten an die Filzanhänger annähen.

5 Ein solches Frühlingsensemble lebt durch das Farbspiel. Lass dich inspirieren von aktuellen Trends und wähle harmonische Kontrastfarben für den Filz, die Bänder und das Stickgarn.

WAHRE FREUNDSCHAFT
MIT HASE UND VOGEL

1 Alle Vorlagenteile mithilfe von Transparentpapier auf Tonkarton übertragen und ausschneiden (siehe Seite 120). Für das Gras den grünen Strukturkarton mit Punkten in den Maßen 20 cm x 5 cm zuschneiden. Den oberen Rand des Grasstreifens mit der Wellenschere bearbeiten.

2 Die unifarbenen Teile mit Buntstiften schattieren und die Linien und Muster mit Fineliner bzw. Buntstiften auftragen.

3 Für den Vogel die Flügel, den Schwanz und die Pfeifenputzer als Beine auf der Rückseite des Körpers befestigen. Die Füße auf die Beine kleben. Die weiße Augenfläche und den Schnabel gemäß Vorlage fixieren und die Halbperlen anbringen.

4 Befestigen Sie für den Hasen die Ohren und das Halstuch auf der Rückseite des Kopfes. Kleben Sie die Augenfläche gemäß Vorlage auf und fixieren Sie die Nase und die Halbperlen darauf. Den Kopf mit dem Halstuch auf dem Körper befestigen. Die Blume auf den Körper kleben und den gelben Kreis in der Mitte anbringen. Dann den Hasen auf der Wiese fixieren.

5 Für die Blumen alle Teile gemäß Abbildung und Vorlage aufeinander kleben. Die kleinste Blume mit Klebekissen vor dem Hasen, die beiden großen rechts und links vom Hasen fixieren.

6 Für den Käfer die Augen auf den Kopf kleben und diesen auf dem bereits verzierten Körper befestigen. Den Käfer ebenfalls mit Klebekissen vor dem Hasen auf das Gras setzen.

MATERIAL

- Material
- Strukturkartonrest in Grün gepunktet und Pink gepunktet
- Tonkartonrest in Beige, Pink, Lila, Gelb, Türkis, Orange, Schwarz und Weiß
- Tonkartonrest in Türkis mit weißen Tupfen, Gelb-Weiß kariert, Pink-Weiß gepunktet und Orange-Pink-Weiß kariert
- Glitzerpapierrest in Lila und Pink
- 4 Halbperlen in Schwarz, ø 4 mm
- Pfeifenputzer in Pink, 2 x 4 cm lang
- Fineliner in Schwarz
- Wellenschere

MOTIVGRÖSSE
Motivgröße
22 cm x 14,5 cm (Hase mit Wiese und Blumen) und 8,5 cm x 7,5 cm (Vogel)

VORLAGE
Seite 135

MARIENKÄFER
ORIGINELLES OSTERNEST

MATERIAL

- Fotokarton in Rot, A3
- Wellpappe in Rot,
  100 cm x 70 cm
- Fotokartonreste in
  Schwarz und Weiß
- Chenilledraht in Schwarz

MOTIVHÖHE
ca. 15 cm

VORLAGE
Seite 132

1 Das Käfergesicht ausschneiden. Das Käppchen mit einem dicken schwarzen Filzstift ausmalen, Augen und Mund mit einem dünnen Filzstift aufzeichnen. Die Wangen mit Buntstift, die Lichtpunkte mit Lackmalstift gestalten. Die Chenilledraht-Fühler von hinten am Kopf befestigen und die Enden rund biegen. Die Nase mit einem Abstandsklebepad aufsetzen.

2 Für den Korb zuerst alle Teile zuschneiden (siehe Seite 123): Vier Wellpappestreifen, 1,5 cm x 70 cm, und 40 Fotokartonstreifen, 1,5 cm x 10 cm. Den ersten Wellpappestreifen auf den Tisch legen und links anfangend die kurzen Streifen aus Fotokarton abwechselnd auf einen langen Streifen von vorne und von hinten nebeneinander festkleben. Darauf achten, dass die Streifen jeweils ganz senkrecht aneinanderstoßen und die von vorne aufgeklebten unten ca. 1,5 cm überlappen.

3 Sind alle kurzen Streifen festgeklebt und der Klebstoff getrocknet, den zweiten Wellpappestreifen durchflechten, anschließend versetzt den dritten. Den vierten ebenfalls durchflechten und daran die Enden der senkrechten, kurzen Streifen festkleben, damit der Flechtstreifen stabil ist. Ggf. bündig abschneiden.

4 Das geflochtene Band entsprechend der Bodengröße zusammenkleben (ggf. die Enden auf ein von innen angebrachtes separates Papierstück kleben). Den Boden aus Wellpappe zuschneiden und von oben in den Flechtring schieben. Die überstehenden Enden der Wellpappestreifen umschlagen und unten am Boden festkleben.

5 Den Kopf ankleben. Die Flügel mit Filzstift bemalen und seitlich ansetzen. Die Fotokartonbeine von unten fixieren.

BASTELTIPP

Zu den Fingerdruckeiern
passen bestens farbenfrohe
Eier mit Pünktchen. Die Eier
mit einem Borsten- oder Rasierpinsel grundieren. Die Pünktchen
mit einem Pinselstiel aufsetzen.
Damit sie schön gleichmäßig
werden, den Stiel vor jedem
neuen Punkt wieder in die
Farbe tauchen.

LUSTIGE EIER
MIT GESCHENKSCHACHTEL

1 Die Eier zunächst mit dem Pinsel in der gewünschten hellen Farbe grundieren. Gut trocknen lassen, dann die Motive mit den Fingern aufdrucken. Dazu die Farbe mit einem Pinsel auf den Finger auftragen und auf den Untergrund aufdrücken. Nach jedem Druck den Finger wieder neu mit Farbe bestreichen. Die Aufhängungen werden nach dem Gestalten der Eier angebracht (siehe Seite 123).

2 Die Flügel des Schmetterlings mit den Fingern aufsetzen, den Körper mit dem Pinsel malen. Nach dem Trocknen die zwei Kreise mit dem Pinselstiel aufdrucken. Die schwarzen und weißen Linien mit dem Lackmalstift zeichnen.

3 Für die Marienkäfer zwei rote Fingerdrucke aufsetzen und nach dem Trocknen die Köpfe mit einem feinen Pinsel aufmalen, die Punkte mit dem Pinselstiel aufsetzen. Die Fühler mit dem Lackmalstift ergänzen.

4 Für den Frosch zwei grüne Fingerdrucke aufsetzen und trocknen lassen. Dann mit dem Pinselstiel die gelben Punkte für die Augen aufsetzen. Für die Krone drei rosa Striche mit dem Pinsel malen. Nach dem Trocknen der Farbe die Pupillen und restlichen Linien mit dem Lackmalstift aufmalen.

5 Für die Blütenblätter kreisförmig fünf lilafarbene Fingerdrucke aufsetzen. Nach dem Trocknen einen gelben Fingerdruck in die Blütenmitte setzen. Die rosa Punkte mit dem Pinselstiel aufdrucken. Das Gesicht und die Blütenblattlinien mit Lackmalstiften zeichnen.

SCHACHTEL

Den Schriftzug mit blauem Filzstift auf die Schachtel schreiben. Für jedes fehlende „O" gelbe Fingerdrucke aufsetzen. Die Ohren und die Fliege der Hasenköpfe mit dem Pinsel ergänzen. Die Farbe gut trocknen lassen, dann die Gesichter mit Lackmalstiften vollenden.

MATERIAL

- Eier
- Plastikeier in Weiß
- Acrylfarbe in Hellblau, Hellgrün, Grün, Lila, Rosa, Rot, Gelb, Orange und Schwarz
- alter Rasierpinsel oder runder Borstenpinsel
- Satinband in Lila, Hellblau oder Violett, 3 mm breit, 40 cm lang (pro Ei)
- Holzperlen in Gelb, Rosa, Orange oder Hellgrün, ø 8 mm
- Lackmalstifte in Weiß, Rot und Schwarz

SCHACHTEL
- runde Pappschachtel in Weiß, ø 16,5 cm
- Acrylfarbe in Gelb, Grün und Rot
- hochdeckender Filzstift (Dekomarker) in Hellblau Lackmalstifte in Weiß, Rot und Schwarz

MOTIVGRÖSSE
ca. 6 cm

TULPEN-SCHLÜSSELANHÄNGER
IN PASTELLFARBEN

MATERIAL

- Sperrholzrest, 8 mm stark
- Acrylfarbe in Weiß, Hellrosa, Rosa, Hellgrün, Gelb und Violett
- Laubsäge
- Metallringe, ø 2 cm
- Spulen aus Holz, 1,2 cm hoch
- Kork-Perle, ø 1 cm
- Holzperlen in Hellblau, ø 8 mm
- Kordel in Gelb, ø 1 mm
- Bohrer, ø 2 mm

MOTIVHÖHE
Blume ca. 10 cm

VORLAGE
Seite 128

1 Alle Teile der Vorlage auf festes Transparentpapier abpausen. Ausschneiden, auf das Sperrholz legen und mit Bleistift umfahren. Noch schneller und genauer wird die Arbeit, wenn man eine Kopie der Vorlage macht, die Teile ausschneidet und sie dann nachzeichnet.

2 Mit der Laubsäge die Teile aussägen und mit Schleifpapier die Kanten abschmirgeln. Den Stiel der Tulpen an den Seiten sehr genau abschleifen, damit er gut in die Form hineinpasst und nicht klemmt. Die Löcher mit dem Bohrer einbohren.

3 Das lange Rechteck und die kleinen Rechtecke mit weißer Acrylfarbe bemalen. Die Tulpen mit verschiedenen Rosa- und Violetttönen, die Stängel mit hellblauen und hellgrünen Tönen bemalen. Gut trocknen lassen. Die Holzspulen werden mit einem farblich passenden Stoffband beklebt.

4 Die Streifen aufmalen und die Punkte mit dem Stiel des Pinsels auftupfen. Die Blätter mit zartem Hellgrün und einem dünnen Pinsel aufmalen. Die weißen Rechtecke positionieren und auf das längere Rechteck kleben. Die Stiele dazwischen legen, um den Abstand zu prüfen.

5 Die Löcher einbohren, die Kordel durchziehen und die zwei Enden durch die Kork-Perle bzw. die Spule führen. Dann durch den Ring führen und einen Knoten machen. In den Ring die Schlüssel einhängen.

6 Für die runde Blume mit Hilfe der Vorlage in Weiß die Blütenform aufmalen und rundherum alles mit einem dünnen Pinsel mit Hellblau ausmalen. Zum Schluss die gelben Punkte mit dem Pinselstiel auftupfen.

Bunte Schmetterlinge
Hübsche Hingucker

1 Zuerst den Kopf der Wäscheklammer mit weißer Farbe bemalen. Gut trocknen lassen. Dann den Körper in der gewünschten Farbe bemalen. Wieder trocknen lassen, bevor die Punkte mit einem Holzstäbchen aufgesetzt werden.

2 Nun alle Flügelteile ausschneiden. Damit sie symmetrisch sind, das Ton- bzw. Transparentpapier vor dem Zuschneiden in der Mitte falten und die Vorlage für die Flügelhälfte aufzeichnen.

3 Die innere gestrichelte Linie auf der Flügelvorlage ist eine Faltkante. Die Linie auf beiden Seiten mit einem Falzbein oder einer Zirkelspitze nachziehen, dann lässt sie sich besser falten. Danach alle vier Flügelteile der Größe nach aufeinanderlegen und zwischen den Faltlinien zusammenkleben.

4 Etwas Klebstoff oder Heißkleber auf die Flügelrückseite geben. Den Flügel so hoch wie möglich in die Holzklammer einschieben und festkleben.

5 Nun die große Blume ausstanzen und auf den Körper kleben. Noch eine kleine Blüte ausstanzen und auf die große setzen. Die Blütenmitte mit einem deckenden Stift aufmalen.

6 Für die Fühler etwas Klebstoff auf ein Kirschstielpaar geben und es auf den Kopf kleben. Zuletzt die Augen mit einem Filzstift und die Nase mit einem Dekomarker aufsetzen.

MATERIAL

- Tonpapierreste in Weiß, Hellblau, Hellviolett, Gelb, Türkis, Rosa und Hellgrün
- Transparentpapierreste in Gelb, Hellgrün, Hellblau, Blau, Türkis, Rosa, Orange und Violett
- Transparentpapier in Weiß gemustert
- Rundkopf-Wäscheklammer, 11 cm hoch
- Bastel- oder Acrylfarbe in Weiß, Gelb, Rosa, Mittelblau, Türkis, Hellgrün und Hellviolett
- Motivlocher: Blume, ø ca. 1,6 cm und 2,5 cm
- Deko- oder Lackmalstifte in Rosa, Türkis, Gelb und Hellgrün
- Kirschstiele oder dünne Zweige

VORLAGE
Seite 134

FARBENFROHE BLUMENSTECKER
VERSCHÖNERN JEDEN KRÄUTERTOPF

MATERIAL

- Tonkartonrest in Weiß und Gelb
- Tonkartonrest in Lila mit hellen Punkten, Pink mit hellen Punkten, Türkis mit großen weißen Punkten, Pink mit rosa Blumen, Dunkellila mit Punkten, Türkis mit kleinen weißen Punkten und Gelb-Weiß kariert
- Glitzerpapierrest in Türkis
- 3 x Rundholz in Weiß, ⌀ 4-5 mm, 30-35 cm lang
- Motivstanzer Herz, ⌀ 13 mm
- Kordel in Weiß, 2 mm stark, 2 x 35 cm lang
- Heißkleber

MOTIVHÖHE
⌀ 8,5 cm, 8,5 cm x 7,5 cm und
12 cm x 10 cm (ohne Stab)

VORLAGE
Seite 133

1 Alle Vorlagenteile mithilfe von Transparentpapier auf Tonkarton übertragen und ausschneiden (siehe Seite 120). Ein Herzchen in Weiß und 14 weitere in Pink ausstanzen.

2 Für die große ovale Blüte zuerst das weiße Oval unter das lilafarbene Blütenteil kleben und anschließend die Herzen gemäß Abbildung auf dem äußeren Ring befestigen. Für die Blütenmitte das türkisfarbene Oval auf das lilafarbene Blütenteil kleben, mit Klebekissen das gelbe Oval fixieren und darauf die pinkfarbene Blüte befestigen.

3 Klebe für die Glitzerblume die pinkfarbene Blütenmitte auf die türkisfarbene Blume und fixiere das kleine weiße Herz mit einem Klebekissen in der Mitte.

4 Für die lilafarbene Blume die weißen Blütenblätter gemäß Vorlage auf den lilafarbenen Kreis kleben. Die pinkfarbene Blütenmitte darauf platzieren. Zum Schluss das gelbe und türkisfarbene Oval jeweils mittig mit Klebekissen aufkleben.

5 Die Stiele mit Heißkleber jeweils an der Rückseite der Blumen fixieren und die Hölzchen mit den Kordeln bzw. Blättern verzieren.

TIPP Falls du keinen passenden Motivstanzer hast, kannst du die Herzchen auch ausschneiden (siehe Vorlage). Außerdem kannst du auch unbehandelte Rundhölzer verwenden, die du vor dem Befestigen mit weißer Dispersions- oder Bastelfarbe bemalst.

KÄFERCHEN, FLIEG
QUIETSCHVERGNÜGTES TRAMPOLINSPRINGEN

1 Zunächst alle Teile für das Motiv zuschneiden, die Fühler und Marienkäferpunkte werden mehrmals benötigt, die Maikäferfühler einmal seitenverkehrt.

2 Das Maikäfergesicht mit rotem Bunt- und Filzstift gestalten und die Nase sowie das braune Käppchen aufkleben. Die Fühler mit Streifen bemalen und von hinten ergänzen. Den weiß gepunkteten Kragen hinter den Hals kleben und den Kopf auf dem leicht weiß schattierten Körper kleben. Die braunen Flügel nach Vorlage rückseitig ergänzen.

3 Den Marienkäferkopf ebenso mit roten Stiften gestalten und mit Kappe, Fühlern und Kragen versehen. Den Körper mit dem roten Flügel bekleben und diesen mit drei Punkten verzieren. Den zweiten Arm und den Fuß ergänzen und zuletzt den Kopf auf dem Körper fixieren.

4 Für die Blume die weißen Blütenblätter auf das gelbe Innere kleben und mit weißem Lackmalstift viele Punkte aufmalen. Den grünen Stiel von unten ergänzen. Nun kannst du die Trampolinblume mit dem Stiel an der Unterkante Ihres Fensters anbringen und darüber die beiden Käfer fröhlich springen lassen.

MATERIAL

- Fotokarton in Weiß und Schwarz, A3
- Fotokarton in Gelb und Rostbraun, A4
- Fotokartonreste in Rot, Orange, Rosa, Haut-farbe, Pink und Hellgrün

MOTIVHÖHE
Käfer ca. 28–30 cm
Blume ca. 20 cm

VORLAGE
Seite 132

Hier habe ich neben dem üblichen Marienkäfer auch mal einen Maikäfer mit seinen typischen Fühlern gebastelt. Leider habe ich schon lange keinen echten Maikäfer mehr gesehen, vielleicht dieses Jahr mal wieder?

Piñata-Party-Eier
Im Osterstrauß

- 5 Eier in Weiß
- Krepppapier in Helllila, Hellblau, Gelb, Orange, Rosa und Hellgrün
- Klebestift
- Pompons in Rosa, Mint, Hellblau und Hellgelb, ø 12 mm
- Satinband in Hellgrün, Rosa, Mint und Hellgelb, 6 mm breit
- Heißkleber
- Baumwollschnur in Weiß
- Nadel mit breitem Nadelöhr

MOTIVHÖHE
ca. 20 cm

1 Die weißen Eier zunächst auspusten, mit warmem Wasser und Spülmittel auswaschen und trocknen lassen (siehe Seite 124).

2 Von den Krepppapierrollen ca. 1,5 cm breite Streifen abschneiden. Die Streifen im Abstand von 0,5 cm etwas einschneiden und anschließend auseinanderfalten.

3 An der unteren Öffnung mit dem Umwickeln des Eis starten. Ringsum die Öffnung etwas Kleber auftragen und den Krepppapierstreifen vorsichtig andrücken. Arbeite dich nun Runde für Runde langsam nach oben. Nach 1,5-2 cm beginnst du mit der nächsten Farbe des Krepppapiers. Verwende insgesamt 4-5 unterschiedliche Farben zur Gestaltung der Eier und ende um die obere Eiöffnung.

4 Verschiedenfarbige Satinbandstreifen auf eine Länge von ca. 10 cm zuschneiden. Die Bänder übereinanderlegen und alle Spitzen an einem Ende mit einer 30 cm langen Baumwollschnur zusammenknoten.

5 Das lange Stück der Baumwollschnur durch eine Nadel fädeln und anschließend von unten einmal durch das Ei hindurchfädeln. Zum Schluss mithilfe der Nadel einen Pompon auffädeln und das Ei dann an der verbleibenden Schnur am Osterstrauß aufhängen.

WUNDERSCHÖNES WINDSPIEL
INDIVIDUELLE GARTEN-DEKO

1 Soweit vorhanden, den Bezug des Lampenschirms entfernen. Die Konservendeckel beidseitig mit Acryllack besprühen und trocknen lassen. Bohre dann mit einer Prickelnadel an zwei gegenüberliegenden Stellen dicht am Rand zwei Löcher. Die Schraubdeckel ebenfalls mit einer Prickelnadel am Rand mit zwei gegenüberliegenden Löchern durchbohren. Vom Silberdraht 60-80 cm lange Stücke abschneiden.

2 Nacheinander Perlen, Schraubverschlüsse und Konservendeckel auf den Draht auffädeln, dabei die Drahtenden durch Mehrfachknoten sichern. Damit die Perlen und Verschlüsse auch auf unterschiedlichen Höhen am Draht halten, werden mit der Flachzange immer unterhalb der einzelnen Elemente kleine Knoten oder Knicke in den Draht eingearbeitet.

3 Das Lampenschirmgestell mit fester Nylonschnur aufhängen, dann die Perlendrähte dranknoten. Dabei solltest du darauf achten, dass die Konservendeckel relativ nah beieinander bzw. auf annähernd gleicher Höhe hängen, damit das Windspiel nachher auch schön klimpert.

MATERIAL

- alter Lampenschirm aus Metall vom Flohmarkt
- Nylonschnur
- Silberdraht
- Plastikperlen in verschiedenen Farben, ⌀ 1-3 cm
- Plastikverschlüsse in verschiedenen Farben und Größen
- Glasperlen in verschiedenen Farben, ⌀ 2-6 cm
- Konservendosendeckel, ⌀ 5,5 cm
- Acryl-Sprühlack in verschiedenen Farben
- Prickelnadel
- Flachzange

BLUMENKARTEN
EINFACH UND SCHNELL

MATERIAL

- Gänseblümchen
- Fotokarton in Orange,
- 42 cm x 10,5 cm, Mittel-
  blau, 19 cm x 8,5 cm und
  Hellblau, 18 cm x 7,5 cm
- Fotokartonreste in Weiß,
  Hell- und Dunkelgrün
- Wellpappe in Hellgrün,
  1,8 cm x 7 cm
- Dekostift in Orange
- Konturenschere
- Rote Blume
- Fotokarton in Rosa,
- 15 cm x 22 cm und Weiß,
  8 cm x 15 cm
- Fotokartonreste in Rot
  und Orange
- Papierdraht in Dunkel-
  grün, 30 cm lang
- Blumendraht in Braun,
- ⌀ 0,3 mm, 6 cm lang
- Konturenschere

MOTIVHÖHE
Gänseblümchen
ca. 11 cm

VORLAGE
Seite 134

GÄNSEBLÜMCHEN

1 Falte aus dem orangefarbenen Fotokarton eine Karte (siehe Seite 125). Die Längsseiten des hellblauen Rechtecks knappkantig mit der Konturenschere abschneiden. In die Mitte der Karte das mittelblaue Rechteck, darauf das hellblaue Rechteck kleben.

2 Blüten, Blätter und Stängel (0,3 cm x 7 cm) zuschneiden. Die Blütenblätter frei Hand einschneiden.

3 Die Motivteile auf der Karte befestigen. Die Blüten mit einem Tropfen Klebstoff in der Mitte aufkleben und die Blütenblätter leicht nach oben biegen. Mit dem Dekostift einen Punkt in die Blütenmitte malen.

ROTE BLUME

1 Die Längsseiten des weißen Rechtecks knappkantig mit der Konturenschere abschneiden. Den Papierdraht biegen und die Löcher für die Befestigung stechen. Den Befestigungsdraht in 2 cm lange Stücke schneiden und u-förmig biegen. Die u-förmigen Drähte jeweils über den Papierdraht und durch zwei nebeneinanderliegende Löcher stecken und auf der Rückseite verdrehen.

2 Blume und Blütenmitte ausschneiden und auf den Blütenstiel kleben. Das Blumenrechteck auf der Karte befestigen (siehe Seite 125).

KUNTERBUNTE EULEN
FÜR DEN OSTERSTRAUẞ

1 Um die Eier zweifarbig zu bemalen, Kreppklebeband verwenden. Das Band zuerst unterhalb der Mitte rund ums Ei kleben und gut andrücken.

2 Das Ei mit wenig Farbe betupfen, dann das Klebeband entfernen und die Farbe trocknen lassen. Das Gleiche auf der anderen Seite des Eies wiederholen.

3 Nun alle Papierteile ausschneiden. Für Augen, Flügel und Schnabel am besten stabilen Fotokarton, für die Federbüschel an den Augen und die Beine Tonpapier verwenden.

4 Die Augenkreise mit einem Buntstift bemalen. Dann Blümchen aus Tonpapier ausstanzen und aufkleben. Für die schwarzen Pupillen Kreise mit einem Bürolocher ausstanzen und aufkleben. Die Lichtpunkte mit Acrylfarbe setzen.

5 Die Zackenlitze aufkleben. Dann den Schnabel und darüber die Augen aufkleben. Die Flügel über ein Falzbein oder einen runden Stift ziehen, nur im oberen Bereich mit Klebstoff versehen und auf das Ei kleben. Die Fußteile bemalen, aufrollen, zusammenkleben und an das Ei kleben. Den Aufhängefaden anbringen (siehe seite 123/124).

MATERIAL

- Hühner- oder Plastikeier in Weiß Acrylfarbe in Weiß, Hellviolett, Hellgrün, Gelb, Rosa und Hellblau
- Tonpapier- und Fotokartonreste in Weiß, Mittelblau, Pink, Rosa, Türkis, Hellviolett, Hellgrün, Gelb und Schwarz
- Zackenlitze in Creme und Rosa, 3 mm breit, 15 cm lang (pro Eule)
- Organzaband in Hellrosa, 3 mm breit, 30 cm lang (pro Eule)
- Kreppklebeband, 1 cm breit
- Motivlocher: „Gänseblümchen", ca. ⌀ 1,6 cm

MOTIVHÖHE
ca. 7 cm

VORLAGE
Seite 133

FROSCHKÖNIG-MOBILE
MÄRCHENHAFTER GEFÄHRTE

MATERIAL

- Strukturkarton in Grün mit grünen Punkten, 20 cm x 20 cm
- Tonkartonrest in Weiß, Pink, Rosa, Grau und Gelb
- Tonkartonrest in Gelb-Weiß gestreift, Hellgrün mit weißen Punkten und Pink mit rosa Blüten
- Transparentpapierrest in Weiß
- 4 Wackelaugen, oval, 7 mm lang
- Knopf in Pink-Weiß gestreift, ⌀ 10 mm
- 2 Halbperlen in Schwarz, ⌀ 6 mm
- 3 Pompons in Pink, ⌀ 6 mm
- Motivstanzer Blume, ⌀ 15 mm
- Fineliner in Schwarz
- Nähfaden in Weiß
- Nähnadel

MOTIVHÖHE
17 cm x 39 cm

VORLAGE
Seite 130

1 Alle Vorlagenteile mithilfe von Transparentpapier auf Tonkarton übertragen und ausschneiden (siehe Seite 120).

2 Die Augen, das Herz und die Fliegenkörper mit passenden Buntstiften schattieren. Den Mund, die Herz- und Armlinien mit Fineliner auftragen, die Blütenmitte der kleinen gelben Blume mit Buntstift aufmalen.

3 Befestige nun die Krone von hinten am Kopf. Die drei Pompons auf den Spitzen der Krone fixieren. Das weiße Augenteil und die Bäckchen-Herzen gemäß Vorlage auf den Kopf kleben. Dann die Halbperlen als Pupillen auf die Augen kleben.

4 Den Knopf auf dem Herz und das Herz auf dem Bauch befestigen. Anschließend die Füße auf den Körper und die gelbe Blume auf die Hand des Froschkönigs kleben.

5 Die Flügel von hinten auf den Fliegenkörpern befestigen und die Wackelaugen fixieren.

6 Gemäß Vorlage mit der Nähnadel kleine Löcher für die Aufhängung in die Figuren stechen und diese mit weißem Nähfaden miteinander verbinden.

TIPP Wenn du das Mobile frei im Raum aufhängen möchtest, gestalte die Motive beidseitig, damit du es von allen Seiten bewundern kannst!

WEGWEISER-WICHTEL
IM GRÜNEN

1 Bevor du richtig loslegen kannst, solltest du die Äste, so gut es geht, von Rinde befreien. Manchmal lässt sie sich leicht abziehen, ansonsten kannst du mit Schleifpapier nachhelfen. Wische die Äste danach nur gründlich von Staub frei, bevor du anfängst zu malen.

2 Male die untere Hälfte der Äste mit roter Acrylfarbe an und lass diese gut trocknen. Dann tunkst du die Spitze eines Schaschlikspießes in weiße Acrylfarbe und tupfst weiße Pünktchen auf die rote Fläche.

3 Als Nächstes malst du den Ästen mit Permanentmarkern Augen, Mund, Nase und rosa Bäckchen.

4 Lege deine Astwichtel in der gewünschten Reihenfolge nebeneinander hin und klebe sie dann mit Alleskleber seitlich aneinander. Dabei solltest du darauf achten, dass die Äste sich richtig berühren.

5 Stemple mit Buchstabenstempeln „Garten" oder euren Familiennamen auf das flache Holzstück. Dann klebst du es einmal quer über deine Astwichtel.

MATERIAL

- ca. 7 Äste, 11–20 cm lang flaches Stück Holz,
- ca. 20 cm x 3 cm
- Acrylfarbe in Rot und Weiß
- Pinsel
- Permanentmarker in Schwarz, Weiß und Rosa
- Buchstabenstempel und Stempelkissen
- Schaschlikspieß
- Schleifpapier
- Alleskleber

TIPP Falls du keine Buchstabenstempel hast, kannst du auch ganz einfach mit Permanentmarkern oder Acrylfarbe auf das Holzstück schreiben.

BLÜTENBUNTE FLATTERGRÜßE
MIT STEMPEL-BOTSCHAFT

- Blanko-Postkarten in Weiß, DIN A6
- Buchstabenstempel und Stempelkissen
- große Blüten (Nelken, Rosen)
- kleine Blüten (z. B. Gänseblümchen)
- schmale Blätter
- Klebestift
- Pflanzenstängel, dünn
- Wackelaugen, ø 4 mm

1 Für diese bunten Schmetterlings-Postkarten kannst du deiner Fantasie freien Lauf lassen, denn jeder Schmetterling wird anders aussehen. Starte, indem du eine weiße Blanko-Postkarte mit einem kleinen Gruß bestempelst. Ob du „Gute Besserung", „Liebe Grüße" oder andere nette Worte stempelst, bleibt dir überlassen. Falls du keine Buchstabenstempel zur Hand hast, kannst du natürlich auch einfach einen Gruß mit Bunt- oder Filzstiften schreiben. Wichtig ist, dass du nur den oberen oder unteren Bereich der Postkarte beschriftest, damit noch genug Platz für dein Blüten-Kunstwerk bleibt.

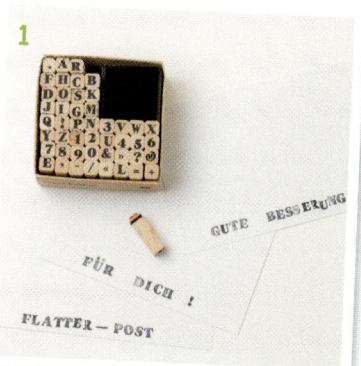

2 Zupfe von größeren Blumen einzelne Blütenblätter vorsichtig ab und klebe sie als Flügel mit Klebestift auf die Karte. Als Bauch kannst du entweder eine ganze Blüte oder schmale Blätter aufkleben.

3 Als Schmetterlingskopf kannst du eine kleine Blüte, wie z. B. ein Gänseblümchen verwenden. Du kannst auch zwei kleine Wackelaugen als Gesicht aufkleben, wenn du magst. Brich zwei ca. 1 cm lange Stücke eines Pflanzenstängels zurecht und klebe sie als Fühler an Ort und Stelle. Fertig ist dein Kunstwerk!

TIPP Natürlich kannst du solche Postkarten auch ganz einfach mit getrockneten Blüten und Blütenblättern machen. Wie du Pflanzen trocknest, findest du auf Seite 125.

FLATTER — POST

FÜR DICH !

GUTE BESSER

FRÖHLICHE PAPIERBLUMEN
SELBSTGEMACHTE BLÜTENPRACHT

1 Die Seidenpapierbögen aufeinanderlegen und fächerförmig falten. Dazu 2 cm nach oben falten, wenden, 2 cm nach oben falten, wenden usw. Wiederholen Sie den Vorgang so lange, bis das gesamte Papier gefaltet ist.

2 Anschließend das Papier mittig mit dem Garn abbinden. Soll die Blume aufgehängt werden, verwende ein langes Stück Garn. Wenn sie einen Stiel bekommen soll, reicht ein kürzeres.

3 Runde die Ränder des Fächers links und rechts ab und zupfe die einzelnen Lagen des Seidenpapiers vorsichtig auseinander. Die Blume nach Belieben mit Heißkleber auf einen Ast kleben.

4 Die Vorlage für die Blätter auf grünes Seidenpapier übertragen, sorgfältig ausschneiden und am Ast befestigen.

MATERIAL

- Seidenpapier in Lieblingsfarben, 8 x A5 oder 8 x A4
- Seidenpapierrest in Grün
- Garn in passender Farbe, 20 cm oder 50 cm lang
- kleiner Ast, ca. 30 cm lang
- Schere
- Heißkleber

VORLAGE
Seite 129

Frühlingsbunte Kinderideen

GIRLANDE
RUND UND BUNT

1 Für die Girlande brauchst du je neun große und neun kleine Rosetten. Schneide für jede Farbe zwei 11 x 11 cm Quadrate und drei 7 x 7 cm Quadrat aus. Auf die kleinen Quadrate zeichnest du sechs waagerechte Striche mit 1 cm Abstand, auf die großen zeichnest du zehn Striche mit 1 cm Abstand.

2 Falte alle Quadrate zu einer Ziehharmonika, wie in der Grundanleitung beschrieben. Diese faltest du danach in der Mitte zusammen und klebst sie fest, sodass ein Fächer entsteht.

3 Die kleinen Rosetten klebst du aus drei kleinen Fächern der gleichen Farbe zusammen, die großen Rosetten aus zwei großen.

4 Stanze dir aus dem restlichen Papier zwölf kleine Kreise und vier große Kreise heraus. Auf vier große Rosetten klebst du mittig einen großen Kreis und auf diesen einen kleinen Kreis. Die restlichen kleinen Kreise klebst du mittig auf die kleinen Rosetten.

5 Klebe auf die leeren großen Rosetten mittig eine kleine Rosette auf. An die anderen großen Rosetten klebst du seitlich kleine an, dafür gibst du an eine Falte der großen Rosette etwas Kleber und steckst darauf die kleine.

6 Stanze dir 13 kleine Kreise aus dem grünem Papier aus. In die Mitte der Kreise stanzt du mit der Lochzange jeweils zwei Löcher. Ziehe das Bäckergarn durch die Löcher, bevor du die Kreise auf die Rückseite der Rosetten klebst. Der Abstand zwischen den Rosetten beträgt ca. 6 cm.

MATERIAL

- 2 Bogen Tonzeichenpapier in Gelb, Pink, Rosa, Mint, Violett, Blau, Hellblau und Lachs, A4
- 3 Bogen Tonzeichenpapier in Grün, A4
- Bäckergarn in Pink-Weiß,
- ca. 165 cm lang
- Lochzange
- Kreisstanzer, ø 5 cm und 9 cm

KRESSEHÜHNER
IN BUNTEN EIERKARTONS

MATERIAL

- leere Eierkartons
- Acrylfarbe in Hellgrün, Hellblau, Rosa, Gelb und Pink
- Wackelaugen, ⌀ 6 mm
- Fotokarton in Rot und Gelb
- weiße, ausgepustete Eier
- Kresse
- Klebestift

VORLAGE
Seite 134

1 Aus einem Eierkarton mehrere Hühner arbeiten. Dafür eine äußere Ecke samt angrenzender Eierkartonspitze ausschneiden.

2 Die Hühner mit verschiedenfarbiger Acrylfarbe bemalen. Alles gut trocken lassen. Ggf. ist ein zweiter Anstrich nötig.

3 Die Vorlagen für Hahnenkamm und Kehllappen auf roten Fotokarton übertragen, ausschneiden und mit Klebestift an der Eierkartonspitze fixieren. Die Wackelaugen werden ebenfalls mit Klebestift befestigt. Den Schnabel aus gelbem Fotokarton zurechtschneiden, mittig knicken und an Ort und Stelle befestigen.

1 Leere, geköpfte Eier mit Kresse oder kleinen Blümchen bepflanzen und in die Eierhalter der Hühner einsetzten.

> **TIPP** Die Hühner sehen auch als Platzkärtchen hübsch aus.

GRÜNE DRACHEN
IM ANMARSCH

1 Befreie die Äste zunächst von Rinde. Schleife sie dafür mit grobem Schmirgelpapier ab und wische die Staubreste ab.

2 Bemale den Ast komplett mit grüner Acrylfarbe und lass die Farbe gründlich trocknen.

3 In der Zwischenzeit schneidest du nach Vorlage aus rotem Filz den Drachenkamm zu, aus weißem Fotokarton, ebenfalls nach Vorlage, die Zähne.

4 Wenn die Farbe getrocknet ist, klebst du beide Teile mit Alleskleber an die gewünschten Stellen. Zum Schluss zeichnest du der Wattekugel mit Permanentmarker eine Pupille auf und klebst sie dann als Auge an den Drachen.

MATERIAL

- Äste in verschiedenen Längen, 20-30 cm lang
- Acrylfarbe in verschiedenen Grüntönen
- Pinsel
- je 1 Wattekugel, ⌀ 1 cm
- Permanentmarker in Schwarz
- Fotokartonrest in Weiß
- Filzrest in Rot
- Schere
- Alleskleber
- Schmirgelpapier

VORLAGE
Seite 135

2

4

BLÜTEN-SONNENFÄNGER
BUNT UND RUND

MATERIAL

- 4 Pappteller, ⌀ 20 cm
- 2 Bögen Transparent-
  papier, DIN A4
- spitze Schere
- Permanentmarker in Rosa,
  Grün, Orange und Gelb
- verschiedene Blüten
- Bastelkleber

1 Zunächst schneidest du aus der Mitte des Papptellers einen Kreis mit einem Durchmesser von ca. 10 cm aus. Am einfachsten funktioniert das, indem du den Kreis mit Bleistift vorzeichnest und dann mit einer spitzen Schere in die Mitte stichst und von dort losschneidest.

2 Jetzt schneidest du einen Kreis mit einem Durchmesser von ca. 12 cm aus Transparentpapier zurecht. Klebe ihn auf die Unterseite des Papptellers, indem du nur den Rand mit Kleber festklebst. Nun verzierst du den Teller am äußeren Rand noch, indem du mit farbigem Permanentmarker einen Ring malst.

3 Zupfe Blüten von deinen ausgesuchten Blumen und lege ein Wunschmuster auf die Oberfläche des Tellers. Wenn du zufrieden bist, brauchst du die einzelnen Teile nur noch mit einer ganz dünnen Schicht Bastelkleber festkleben.

> **TIPP** Wenn du mit Hilfe einer Nadel einen Faden durch den Tellerrand ziehst und die Enden verknotest, kannst du deinen bunten Sonnenfänger auch in ein Fenster hängen. Dann scheint das Licht durch ihn hindurch.

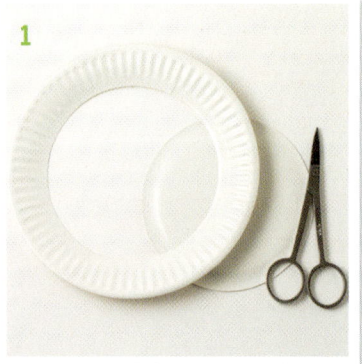

BLUMENSTRAUSS
HYAZINTHEN MIT VASE

1 Für die Vase überträgst du, wie auf Seite 120 beschrieben, die Vorlage auf den gemusterten Fotokarton. Danach schneidest du das Motiv entlang der durchgezogenen Linien aus.

2 Falte entlang der gestrichelten Linien. Nun gibst du Kleber auf die gekennzeichneten Klebelaschen und klebst die Vase zusammen. Halte die Klebestellen einen Moment fest, damit der Kleber besser haften kann.

3 Während der Kleber trocknet, kannst du die Blümchen basteln. Dafür schneidest du aus den Tonpapieren insgesamt sechs Streifen zu, 5 cm breit und 20 cm lang. Auf die Streifen zeichnest du der Länge nach, in einem Abstand von 0,5 cm, 40 Striche als Markierungen ein. Die Striche schneidest du etwa 4,5 cm ein, sodass die kleinen Streifen noch fest am Papier sind.

4 Die eingeschnittenen kleinen Streifen rollst du nacheinander ein. Die Länge der Papierspiralen kann unterschiedlich sein.

5 Klebe den Anfang eines Streifens mit Spiralen an den Anfang eines Papierstrohhalmes und wickle den Streifen nach und nach mit etwas Kleber um den Strohhalm.

6 Zum Schluss klebst du die Papierbordüre entlang des oberen Randes der Vase. Nun kannst du die Blümchen in die Vase stellen.

> **TIPP** Du kannst auch nur 20 Striche mit einem Abstand von 1 cm aufzeichnen, so wird das Ausschneiden etwas leichter.

MATERIAL

- Tonzeichenpapier in Gelb, Pink, Lila und Blau, A4
- Fotokarton, gemustert, A4
- 6 Papierstrohhalme in Grün-Weiß
- Papierbordüre, selbstklebend, ca. 28 cm lang

VORLAGE
Seite 131

POMPON-BLUME
WÄCHST WIE VON SELBST

MATERIAL

- Gabel
- Chenilledraht in Hellgrün, Hellblau und Gelb
- Wolle in Gelb, Rosa, Weiß und Grün
- Schere

1 Nimm die Gabel vorn in die Hand und lege ein 15 cm langes Stück Chenilledraht an einer Seite an. Wickle die Wolle um die Gabel und den Chenilledraht, bis ein kleines Knäuel entstanden ist. Den restlichen Wollfaden abschneiden.

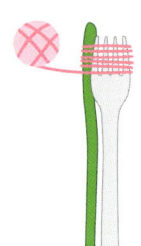

2 Den Chenilledraht fest um die Wolle verdrehen. Ein Stück Wolle durch die erste Öffnung der Gabel fädeln und fest um das Knäuel verknoten.

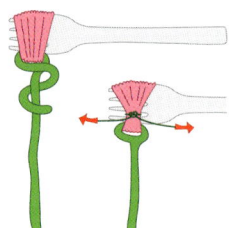

3 Das Knäuel von der Gabel ziehen und die Schlaufen am oberen Ende aufschneiden.

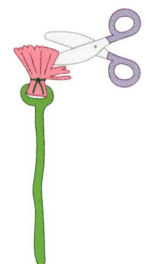

4 Die grüne Wolle am Stielansatz anknoten und fest um das untere Ende der Blüte wickeln. Das Ende festknoten und abschneiden.

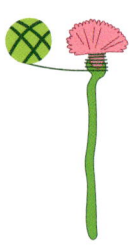

HAARZAUBER
MIT SCHMETTERLINGEN

1 Zwei braune Perlen auf einen 50 cm langen Draht aufziehen und in der Drahtmitte fixieren: Dazu die rechte Drahthälfte von links nach rechts durch die Perlen führen. Zwei weitere braune Perlen auf das linke Drahtende aufziehen. Das rechte Drahtende von rechts nach links durch diese Perlen führen. Auf diese Weise noch sieben Perlenreihen fädeln (siehe dazu auch Seite 126/127).

2 Die Fühler des Schmetterlings mit den Drahtenden fädeln. Je Draht sechs Perlen aufziehen. Die erste Perle überspringen und die Drahten-den durch die restlichen braunen Perlen zurückführen. Die Drahtenden verdrehen und abschneiden. Ziehe für die Flügel links und rechts vom Körper jeweils einen 30 cm langen Draht durch die Perlen der 5. und 6. und der 8. und 9. Perlenreihe hindurch.

3 Für den ersten Flügel zwei Perlen auf die linke Drahthälfte aufziehen und die rechte Drahthälfte von rechts nach links durch diese Perlen führen. Den Flügel weiter nach der Vorlage fädeln. Wenn du am Ende angelangt bist, das linke Drahtende durch diese letzten Perlenreihe zurückziehen und dabei eine Perle überspringen. Die Drähte verdrehen und abschneiden. Die anderen drei Flügel arbeitest du genauso. Zum Schluss die Schmetterlinge mit Nylonfaden an deine Haargummis anknoten.

MATERIAL

- Rocailles in Grün transparent, ø 2,2 mm Rocailles in Braun opak, Hellgrün opak,
- Türkis opak, ø 2,2 mm
- Perlenfädeldraht, ø 0,3 mm
- 2 Haargummis in Weiß
- Pinzette
- Seitenschneider
- Zange

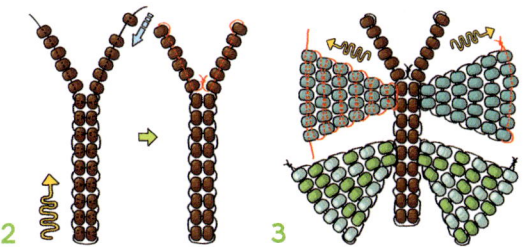

BUNTER SCHMETTERLING
AUS FUSSABDRÜCKEN

MATERIAL

- Pappteller
- Bastelfarben
- Schreibpapier
  in Pastellgrün, A4
- Schere
- Bleistift
- Tonpapierrest in Schwarz
- Filzstift in Schwarz
- Klebstoff
- 2 Rundholzstäbe,
- 24 cm lang
- 4 Pompons in Grün,
  ca. ⌀ 2 cm

VORLAGE
Seite 135

1 Verteile die Bastelfarbe auf dem Pappteller. Drück deinen rechten Fuß hinein und mache auf der linken Hälfte des Blattes einen Abdruck. Dann mit dem linken Fuß rechts daneben einen Abdruck machen und die Farbe trocknen lassen.

2 Zeichne mithilfe der Vorlage den Schmetterlingskörper auf das Tonpapier, schneide ihn aus und klebe ihn zwischen den Fußabdrücken auf.

3 Male mit dem schwarzen Filzstift die Fühler auf.

4 Klebe das Papier am oberen und unteren Rand um einen Rundholzstab und klebe rechts und links an den Stab einen Pompon an.

Magnete in Pastell
Halten deine Notizen

1 Als Basis belegst du eine ausgewalzte Platte Fimo® mit Mustern und walzt sie dann noch einmal glatt, sie sollte ca. 5 mm dick sein. Daraus die Formen ausstechen.

2 Für den Herzmagnet mehrere Grüntöne für den Hintergrund vermischen. Das Herz ausstechen und aufsetzen. Für den Erdbeermagnet die Erdbeere aus flachen Motivteilen zusammensetzen und die Löcher z. B. mit einem Zahnstocher eindrücken. Für den Magneten mit Strasssteinen den Hintergrund aus weißem und blauem Fimo® fertigen. Einen dünnen Streifen aufsetzen und den Strassstein eindrücken. Beim Spiralenmagnet die Spirale mit einem Zahnstocher einstechen. An den Ecken kleine Knetkugeln aufsetzen und Löcher in die Mitten der Kugeln stechen (siehe auch Seite 127).

3 Für den Rosenmagnet rollst du ein Rechteck auf und befestigst es auf drei kleinen Knetblättern. Für den Blattmagnet einen Streifen auf eine rosa Fimo®-Platte legen und die Platte walzen. Das Blatt ausschneiden, aufsetzen und die Adern mit einem Messer einritzen. Die Löcher einstechen. Für den Träumerei-Magnet verschiedenfarbige Kugeln auf eine hellblaue Platte legen. Die Platte walzen. Beim Blumenmagnet Fimo®-Würste als Stiele auflegen. Die Kugeln aufdrücken. Löcher in die Mitten der Kugeln einstechen.

4 Für den Blütenmagnet legst du fünf weiße Kügelchen kreisförmig an und drückst sie mit einen Zahnstocher ein. Eine gelbe Kugel in die Mitte setzen. Für den Vogelmagnet die einzelnen Teile aus Fimo®-Platten ausschneiden und zusammensetzen. Die Vertiefungen mit einem Zahnstocher stechen. Für den Kugelmagnet kleiner werdende Kügelchen nacheinander aufsetzen. Stich ein Loch in die oberste Kugel und verziere den Rand mit einem Lochmuster. Für den Fantasiemagnet weiße und grüne Streifen auf die Platte legen und die Platte walzen. Die Strasssteine eindrücken.

5 Die Motive im Backofen härten. Nach dem Auskühlen klebst du noch Magnete auf die Rückseiten auf - fertig!

MATERIAL

- Fimo® in Weiß, Himbeere, Lavendel, Pflaume, Brillantblau, Sonnengelb und Apfelgrün
- Fimo® effect in Glitterweiß Ausstecher „Herz", ø 1,5 cm, und
- „Quadrat", 3 cm x 3 cm
- Strasssteine in 1x Hellblau, ø 5 mm, und 2x Hellgrün, ø 4 mm
- Zahnstocher
- evtl. Modellierwerkzeug

VORLAGE
Seite 134

KAKTEEN IM BLUMENTOPF

MATERIAL

- 2 Bogen Fotokarton in Pink, A4
- Fotokarton in Grün, A4
- 4 Wackelaugen, selbst-klebend, ca. 1 x 1,5 cm
- Filzstift in Schwarz
- Cutter mit Schneide-unterlage

VORLAGE
SEITE 134

1 Übertrage, wie in der Grundanleitung beschrieben, die Vorlagen auf den Fotokarton, die Kakteen auf den grünen Karton und die Übertöpfchen mit Deckel und Boden auf den pinken Karton. Schneide alles aus.

2 Mit dem Cutter schneidest du in die Deckel der Blumentöpfe vorsichtig jeweils einen Schlitz, so lang wie die Markierung auf der Vorlage. Am besten lässt du dir hierbei von einem Erwachsenen assistieren.

3 Schneide die markierten Klebestellen der Kakteen ein und knicke sie in entgegengesetzter Richtung um. Stecke die Klebestellen durch die Schlitze der Deckel, gib etwas Kleber auf die Enden und klebe sie von innen an den Topfdeckel.

4 Nun klebst du die Übertopfkörper an der Klebestelle zusammen.

5 Befestige die Topfdeckel an den Topfkörpern, indem du auf die dreieckigen Klebestellen Kleber gibst und die Deckel in den oberen Bereich der Töpfe steckst. Zum Schluss klebst du noch je einen runden Boden unten an die Töpfe.

6 Male mit einem schwarzen Filzstift kleine Vs als Stacheln auf die Kakteen-Flächen, klebe jeweils ein paar Wackelaugen auf und stecke die Kakteen wie auf dem Foto zusammen.

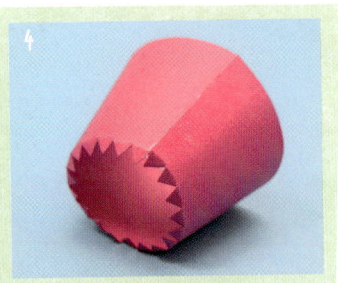

ZAUBERSTAB
FÜR FRÜHLINGSFEEN

1 Trage stückweise Klebstoff rings um den Stock auf und wickle dann die Wolle um den Stock.

2 Klebe die Chenilledrahtstücke an der Spitze des Stocks fest.

3 Umwickle dann die Spitze des Stocks fest mit etwas Wolle, damit der Chenilledraht gut hält.

4 Die Chenilledraht-Enden etwas einrollen und die Glitzersteine aufkleben.

TIPP Statt Glitzersteine passen auch kleine Pompons oder Filzsterne an die Chenilledraht-Enden.

MATERIAL

- Stock, 25 cm lang
- Klebstoff
- Wolle in bunten Farben
- Chenilledraht, 3 x 10–12 cm lang
- 3 Glitzersteine „Sterne", ca. ⌀ 2 cm
- Schere

SCHMETTERLINGSFLÜGEL
AB IN DIE LÜFTE

VORLAGE
SEITE 135

MATERIAL

- Pappe, 60 cm x 100 cm
- Pappestreifen
- Acryllack in Pink, Rosa, Gelb und Hellblau
- Geschenkpapierreste
- Gummiband, 1 cm breit, 1,20 m lang

1 Knicke die Pappe in der Mitte und lege die beiden Hälften der Pappe aufeinander. Zeichne eine Schmetterlingshälfte auf. Wenn du willst, kannst du dazu die Vorlage verwenden. Schneide den Schmetterling mit einer Schere oder einem Cutter aus. Klappe die Pappe wieder auseinander.

2 Die Flügel auf der Vorderseite und der Rückseite in deinen Lieblingsfarben bemalen. Lass die Farbe gut trocknen. Male einen ca. 2 cm breiten Rand in einer weiteren Farbe auf die Vorderseite.

3 Schneide verschieden große Kreise aus Pappresten aus. Beklebe die Kreise mit Geschenkpapier. Klebe jeweils einen großen und einen kleinen Kreis aufeinander. Trocknen lassen und auf die Flügel aufkleben.

4 Schneide für die Träger zwei ca. 60 cm lange Stücke Gummiband zurecht. Klebe das Gummiband rechts und links auf der Rückseite der Flügel unter einem Streifen Pappe fest. Jetzt die Flügel anprobieren und in passender Länge verknoten. Flieg, Schmetterling, flieg!

TIPP Natürlich kannst du die Schmetterlingsflügel auch nur bemalen oder bekleben. Wenn du sie mit irisierender Folie beklebst, werden tolle Feenflügel daraus.

WILDE SCHLANGEN
ZÜNGELN DURCHS UNTERHOLZ

FARBIGE VIPERN

1 Lege die beiden Holzscheiben aufeinander. Durchbohre sie ca. 1 cm vom Rand entfernt mit einem Handbohrer und binde einen Draht an.

2 Fädele nun abwechselnd Holzperlen und in Längsrichtung durchbohrte Zweigstücke auf. Beginne dabei mit den größten Zweigstücken. Zum Schluss noch die kleine Holzperle andrahten.

3 Die übrig gebliebene Rohholzperle in der Mitte spalten und die Hälften als Augen aufkleben. Tupfe dann die schwarzen Pupillen und die Nasenlöcher mit einem Hölzchen auf. Die Zunge aus rotem Fotokarton ausschneiden und ankleben.

MATERIAL

- Pro farbige Viper (oben) 2 ovale Holzscheiben mit Rinde in Gelb oder Orange, ca. 2 cm breit, ca. 4,5 cm lang
- Weidenzweigstücke in Gelb oder Orange, ø 0,5-0,8 cm, 1,5-2 cm lang (Bastelpackung)
- Rohholzperlen, 24 cm x ø 1 cm und 1 mm x ø 6 mm (für die Viper links) oder Holzperlen in Rot, 16 cm x ø 1 cm und 1 mm x ø 6 mm
- Rohholzperle, ø 1 cm (für die Viper rechts
- Rohholzperle, ø 6 mm (für die Schwanzspitze), oder Holzperle in Rot, ø 6 mm (für die Schwanzspitze)
- geglühter Blumendraht, ø 0,65 mm, 80 cm lang
- Acrylfarbe in Schwarz (für die Augen)
- Fotokartonrest in Rot
- Bohrer, ø 1 mm

SCHNECKENPARADE
IMMER MIT DER RUHE

MATERIAL

- Fotokarton in Weiß und Dunkelgrün, A3
- Fotokarton in Hellgrün, A5
- Fotokartonreste in Weiß, Gelb, Hell- und Dunkelorange, Flieder, Cremerosa, Lila, Hell- und Dunkelgrün
- UHU Glitter Glue in Pink
- Papierdraht in Hellgrün, 50 cm lang
- Draht in Grau, ø 1 mm, 12 cm lang
- 4 Handfegerborsten
- Fabric Tape Spitzenbordüre in Weiß, 50 cm lang
- Buntstift in Orange
- Motivlocher Blume, ø 4 cm
- Bürolocher (alternativ Lochzange)
- Fineliner in Hell- und Dunkelgrün

MOTIVHÖHE
ca. 24 cm

VORLAGE
Seite 135

1 Alle Motivteile vom Vorlagenbogen abpausen, auf den Fotokarton übertragen und ausschneiden. Einen Streifen in 50 cm x 3 cm aus dunkelgrünem sowie einen Streifen in 50 cm x 4 cm aus weißem Fotokarton zuschneiden.

2 Auf den linken Schneckenkörper wird zuerst der pinke, dann der lilafarbene Streifen aufgeklebt, dann erhalten alle Schnecken ihr Häuschen.

3 Die Häuschen werden mit ausgestanzten Punkten und mit UHU Glitter Glue verziert. Den Draht für die Fühler zurechtschneiden und hinter die Köpfe kleben. Die beiden kleinen Schnecken bekommen Handfegerborsten als Fühler.

4 Die Augen aufkleben, die Wangen mit Buntstiftabrieb färben und die Münder aufzeichnen. Den Draht für die Blumen zurechtschneiden und die Blüten oben darauf kleben. Die Blätter um die Stängel fixieren.

5 Mit dem Motivlocher eine Blume auslochen und mittig auf dem weißen Streifen befestigen. Darunter den grünen Streifen ankleben und das Fabric Tape anbringen. Zum Schluss alle Schnecken darauf platzieren.

GRUNDANLEITUNG

VORLAGEN ÜBERTRAGEN

Die Vorlagen mit Bleistift auf festes Transparentpapier übertragen und ausschneiden. Diese Schablonen auf das Papier in der gewünschten Farbe legen, mit einem Bleistift umfahren und ausschneiden. Abgerundete Formen lassen sich leichter mit einer kleinen Nagelschere schneiden, gerade Schnitte gelingen am einfachsten mit einem Cutter. Dabei muss immer eine feste Unterlage verwendet werden; Kinder sollten damit nicht unbeaufsichtigt arbeiten.

ARBEITEN MIT MAULBEER-BAUMPAPIER UND TONPAPIER

Maulbeerbaumpapier, auch Mulberry-Papier genannt, ist ein mittelstarkes, handgeschöpftes Naturpapier. Ich verwende zumeist weißes Papier, das ich vor einer Verarbeitung mit Kreidefarbe streiche. Durch die Bemalung wird das Papier stabiler und verblasst bzw. vergilbt zudem nicht. Bemalt wird mit Wasser verdünnter Kreidefarbe, die mit einem Flächenpinsel aufgetragen wird. Natürlicher

wirkt die Bemalung, wenn die Farbe nicht allzu gleichmäßig aufgetragen wird. Nach dem Trocknen kann das Papier wie in den Anleitungen beschrieben weiterverarbeitet werden. Auch weißes Tonpapier bzw. Aquarellpapier bekommt immer einen Farbanstrich. Hier muss die Farbe jedoch mit einem großen Schaumstoffpinsel aufgetupft werden, damit sich das Material nicht aufraut.

HOLZLATTEN BEMALEN

1 Das Motiv von der Vorlage auf Transparentpapier abpausen und ausschneiden. Die entstandene Schablone auf der Holzlatte platzieren und den Umriss mit einem Bleistift nachziehen. Wenn du Vorlagen mehrmals verwenden möchtest, fertigst dir Fotokarton-Schablonen an (Transparentpapiervorlage aufkleben und ausschneiden).

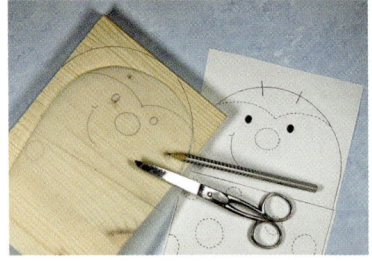

2 Die Figur mit der Stichsäge aussägen. Dann zuerst mit grobem, danach mit feinem Sandpapier die Kanten glatt schleifen. Werden sägeraue Latten verwendet, kann das Abschleifen entfallen. Anschließend benötigte Löcher bohren.

3 Die Grundform mit einem breiten Pinsel bemalen, dabei die Farbe in Faserrichtung auftragen. Die erste Farbschicht gut trocknen lassen, bevor die nächste daneben oder darüber aufgetragen wird. Für Details, wie Haare und Muster, einen dünnen Pinsel verwenden.

4 Nun die Dekorationen aufsetzen - entweder aufkleben oder in zuvor gebohrten Löchern befestigen.

BEMALUNG

Zum Bemalen habe ich meist Acrylfarben verwendet. Auch die neuen Kreidefarben (z.B. Chalky Finish) sind bestens geeignet. Sie sind im Hobbyfachhandel in verschiedenen Nuancen erhältlich und lassen sich besonders einfach auftragen und gestalten. Mit ihnen erzielt man eine samtig-matte Oberfläche.

LASIEREND BEMALEN

Die gewünschte Farbe wird zuerst in einem Teller mit Wasser verdünnt. Dadurch erzielt man einen halbtransparenten Farbauftrag, durch den das Holz noch durchscheint. Die Farbe mit einem breiten Pinsel auftragen und nach Wunsch in der Mitte noch weiter mit Wasser aufhellen.

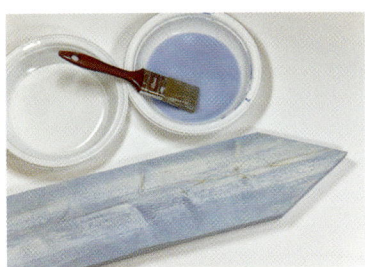

LAVENDELDRUCK

1 Grundlage dafür ist eine spiegelverkehrte Kopie eines Schriftzuges, die mit einem Fixierrand von 2-3 cm ausgeschnitten wird. Bei umfangreicheren Texten ist es ratsam, diese in mehrere Anschnitte zu schneiden. Anschließend wird der Textstreifen rückseitig mit Lavendelöl eingepinselt. Verwende dafür einen kleinen Borstenpinsel. Das Öl gibst du in kleiner Menge in die Mulde eines umgedrehten Einmachglases.

2 Achte darauf, das Papier während des Ölauftrags in der Hand zu halten. Nur so vermeidest du ein Ausbluten der Druckfarbe auf den Untergrund. Damit sich das Öl nun gleichmäßig verteilt, lege den Papierstreifen für ca. 3-4 Minuten über ein Glas.

3 Danach den Streifen mit der Druckfarbe nach unten auf den zu bedruckenden Untergrund legen und mit Masking Tape an mehreren Stellen fixieren. Das Ganze auf eine feste Unterlage wie z.B. ein Holzbrett legen.

1 Für die Druckübertragung verwendest du am besten einen Esslöffel. Diesen hälst du so, dass die Wölbung nach hinten zeigt und der Daumen vorne in der Mulde platziert wird. Anschließend mit der Längskante des Löffels Stück für Stück über die Kopie arbeiten. Zwischendurch kann durch vorsichtiges Lösen einer Fixierung die Vollständigkeit des Druckes überprüft werden.

ARBEITEN MIT GIPSBINDEN

Mit Gipsbinden und einer Werkunterlage wie Styropor®, Karton oder einem Luftballon können einfach und schnell dekorative Objekte gefertigt werden. Dafür werden die Gipsbinden je nach Größe der Werkunterlage mit einer Schere zugeschnitten. Diese Einzelteile werden dann Stück für Stück durch eine Schüssel mit warmem Wasser gezogen, auf die Werkunterlage aufgelegt und nach kurzer Antrocknungszeit mit den Fingern glattgestrichen. Insgesamt ist darauf zu achten, dass sich die Gipsbinden überlappen und

GRUNDANLEITUNG

2- 3-fach übereinander liegen, damit das Werkstück stabil wird. Beim Arbeiten mit Gipsbinden sind Einweghandschuhe zu empfehlen.

MOTIVE UND GESICHTER GESTALTEN

Farbige Punkte werden mit Lackmalstift oder Filzstift gesetzt. Fotokarton-Dessins, die wie Stoff aussehen, kann man ganz einfach selbst machen. Vor dem Ausschneiden mit einem Buntstift ca. 1 cm breite Karos aufzeichnen und mit einer anderen Farbe dann Linien dazwischen ziehen.

Mithilfe des Vorlagenbogens die Einzelteile positionieren, zusammenkleben und zusätzlich dekorieren oder bemalen und beschriften. Die Wangen werden mit rotem Buntstiftabrieb gefärbt. Dazu mit einem Bleistiftspitzer oder Schmirgelpapier etwas Farbe vom Stift schaben und mit dem Zeigefinger auf dem Gesicht verreiben. Die Gesichtslinien mit Filzstift aufmalen. In die Augen und auf die Nasen kann mit weißem Lackmalstift ein Lichtpunkt gesetzt werden. Draht- oder Wellpappespiralen entstehen,

indem man den Draht eng um einen Bleistift oder ein Stäbchen wickelt und eventuell etwas auseinander zieht.

Achtung: Wenn Kinder bei den Bastelarbeiten mithelfen, lass sie den Cutter nie allein benutzen. Auch die Heißklebepistole gehört nicht in Kinderhände.

SCHABLONEN ANFERTIGEN

Alternativ kannst du auch eine Schablone anfertigen: Klebe dafür die Vorlage aus Transparentpapier auf Pappe und schneide das Motiv entlang der Linie aus. Lege nun die Schablone spiegelverkehrt auf die Rückseite des Kartons und ziehe die Kontur mit einem Bleistift nach. Die Einzelteile ausschneiden und wenden.

MIT BUNTSTIFT SCHATTIEREN

Die Ränder der Motivteile können zusätzlich mit Buntstift schattiert werden, damit wirken die Figuren plastischer. Dazu entweder den Buntstift spitzen und die

Farbbrösel mit den Fingerspitzen auf die Motivteile reiben oder den Buntstift sehr flach halten und vom Motivrand Richtung Innenfläche aufmalen. Der Farbton sollte immer etwas dunkler als die Kartonfarbe sein (z. B. dunkelblau auf hellblau, orange auf gelb usw.). ACHTUNG: Wenn du eine neue Farbe mit den Fingern auftragen willst, vorher die Hände waschen, da sich sonst die Farbbrösel mischen und falsche Farben aufgetragen werden!

MOTIVE ZUSAMMENFÜGEN

Sobald alle Motivteile ausgeschnitten, konturiert und schattiert sind, werden sie zusammengesetzt. Damit das Motiv plastischer wirkt, kannst du hierzu auch Klebekissen bzw. Abstandsklebepads verwenden. Zeichne zum Schluss noch die Gesichter und etwaige Innenlinien mit einem Fineliner ein.

PAPIER FLECHTEN

STREIFEN ZUSCHNEIDEN
Die Streifenbreite und länge mit Bleistift und Lineal auf dem ausgewählten Papier markieren und mit der Schere ausschneiden. Schöne gerade Schnitte gelingen mit dem Cutter. Dazu ein Metalllineal an die Schnittlinie anlegen und mit dem Cutter daran entlangfahren. Die Schneideunterlage nicht vergessen! Achte beim Zuschneiden auch darauf, dass die Streifen für den jeweiligen Arbeitsgang genau gleich breit sind, da sonst die Flecht oder Webarbeit unregelmäßig wird

KLEINE WÄSCHEKLAMMERN
Bei einigen Modellen in diesem Buch müssen die Bänder oder Streifen während des Arbeitens mit kleinen Wäscheklammern fixiert werden, damit die Arbeit

nicht wieder auseinanderfällt.

FÜR ANFÄNGER
Für den Anfang ist es leichter, die Flecht oder Webarbeiten in verschiedenen Farben auszuführen, da man so leichter den Überblick behält. So sind z. B. Geschenkbändchen aus Kunststoff sehr hilfreich, die etwa 2 cm breit und?20 cm lang sind.

BÄNDER KNICKEN
Wenn du mit Bändern arbeitest, solltest du darauf achten, dass du sie gut knickst. Am besten mit dem Daumennagel mit viel Druck über den Falz streichen. Wenn Schleifenbänder aus Stoff verwendet werden, kann man einige Knicke auch vorsichtig mit dem Bügeleisen fixieren.

OSTEREIER AUFHÄNGEN

MIT DRAHT
Vom Wickeldraht (ø 0,5 mm) ein ca. 50 cm langes Stück abschneiden und dieses eng in der Mitte zusammenlegen. Diese Knickstelle zuerst durch das große, dann durch das kleine Loch im Ei ziehen. Den Draht so weit durch die Eierlöcher stecken, bis unten die beiden Drahtenden ca. 2 cm weit herausstehen. Die zwei Enden etwas auseinander drücken, zu einer ca. 1 cm langen Lasche biegen und wieder in das Loch zurückstecken.

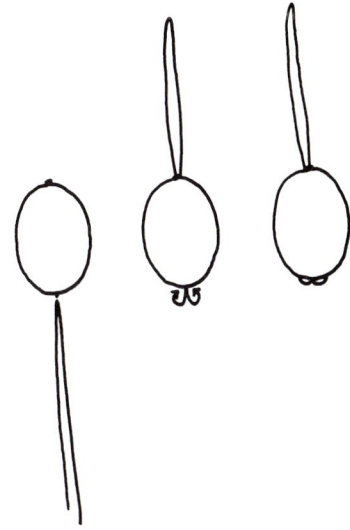

GRUNDANLEITUNG

MIT BAND

Das Aufhängeband zu einer Schlaufe legen, eine Perle aufziehen und das offene Bandende verknoten. Dann von der oberen Öffnung des Eies eine Häkelnadel hindurchführen und die Schlaufe darin einhängen. So kann das Band hindurchgezogen werden (siehe Foto). Wer keine Häkelnadel hat, kann dünnen Draht verwenden. Hierfür das Drahtstück zur Hälfte durch die Schlaufe führen, den Draht in der Mitte knicken und die Drahtenden durch die Löcher führen.

MIT HÖLZCHEN

Einen Zahnstocher oder ein Streichholz auf ca. 1 cm kürzen, mehrmals einen Nähfaden (oder ein anderes Aufhängeband bzw. -garn) darum herum wickeln und verknoten. Dann den Zahnstocher oder das Streichholz in die Öffnung des Eies schieben, das Ei leicht schütteln und dann vorsichtig am Faden ziehen. Das Holz stellt sich nun quer vor die Öffnung. Den Faden zu einer Aufhängeschlaufe verknoten.

EIER AUSPUSTEN

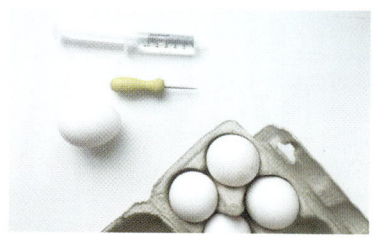

1 Reinige das Ei von außen mit Essigwasser und stich es oben und unten mit einer Prickelnadel ein. Das Loch mithilfe einer Stricknadel oder einem dünnen Schraubenzieher vorsichtig vergrößern. Den Dotter durchstechen, dadurch lässt sich das Ei leichter auspusten.

2 Das Ei über eine Schüssel halten und fest durch die eingestochene Öffnung pusten, bis das Ei vollständig entleert ist. Alternativ können Sie auch eine Spritze mit Luft aufziehen und diese in das Ei spritzen. Die Spritze anschließend mit Essigwasser befüllen und das Ei über dem Waschbecken gründlich auswaschen. Stellen Sie das Ei zum Trocknen in einen Eierkarton.

EIER MIT FARBSPRAY ANSPRÜHEN

Um die Eier gleichmäßig zu besprühen, lege sie am besten auf eine selbstgebaute Vorrichtung aus Styropor® und Zahnstochern. Stecke hierfür vier Zahnstocher im Abstand von 2–3 cm zueinander zur Hälfte in den Styroporblock® und lege das hartgekochte oder ausgepustete Ei auf. Besprühe das Ei ringsum mit Farbe und lass es auf der Konstruktion vollständig trocknen.

Eier aufhängen

Um ausgeblasene Eier ganz einfach aufhängen zu können, benötigst du einen Zahnstocher und einen Faden.

1 Schneide ein ca. 30 cm langes Stück Faden ab und knote eine Fadenschlaufe. Befestige dafür beide Fadenenden an einem kleinen Zahnstocher-Stück (ca. 2 cm lang).

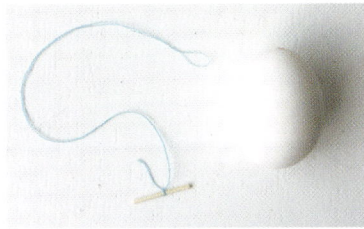

2 Fädel den Zahnstocher durch das obere Loch im Ei und rüttel ein wenig an der Schnur, sodass sich der Zahnstocher im Eiinneren querlegt.

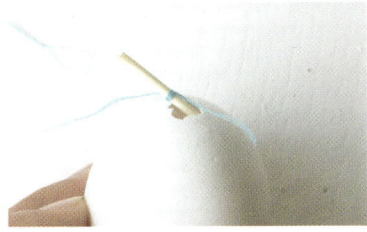

Karten falten und gestalten

1 Aus dem farblich passenden Fotokarton eine Karte zuschneiden. Dafür ein langes Lineal aus Metall (50 cm lang) und eine große Schneideunterlage mit Zentimetereinteilung verwenden. Den Fotokarton an die Zentimetereinteilung der Schneideunterlage anlegen, das Kartenformat abmessen und mit dem Cutter entlang des Lineals zuschneiden.

2 In der Mitte der Karte das Lineal anlegen und mit dem Falzbein vorsichtig an der Kante des Lineals entlang ziehen. An der eingeritzten Linie lässt sich der Fotokarton nun leicht zu einer Klappkarte falten.

3 Die Karte nach Anleitung und Abbildung mit den einzelnen Motivteilen verzieren (siehe auch Anleitung „Vorlagen übertragen"). Zuletzt den Schriftzug mit dem PC gestalten, ausdrucken und aufkleben. Die Schrift kann ganz nach Geschmack in Größe, Art und Farbe variieren. Eine persönliche Note erhält die Karte mit von Hand aufgeschriebenen Grüßen.

Blüten und Blätter pressen

Es gibt Blätter- und Blütenpressen zu kaufen. Am günstigsten ist es, wenn du deine Fundstücke in dicken Büchern trocknen lässt. Sammle oder pflücke Blätter und Blüten nur, wenn es trocken ist. Säubere sie vorher gut, damit sie keine Flecken hinterlassen. Dann legst du sie zwischen ein paar Buchseiten und stapelst weitere Bücher auf das geschlossene Buch. Nach zwei Wochen kannst du deine gepressten Blätter z. B. auf Postkarten aufkleben. Aber sei schön vorsichtig! Getrocknete Blätter und Blüten sind empfindlich und brechen leicht.)

Teile zusammenkleben

Für die Papiermodelle kannst du Alleskleber oder einen Klebestift verwenden. Bestreiche die gewünschten Stellen mit Klebstoff und klebe die Teile zusammen. Lass den Kleber immer gut trocknen, bevor du weiterarbeitest.

GRUNDANLEITUNG

KLEINTEILE AUFKLEBEN

Kleinteile aufzukleben kann knifflig sein. Wenn du dafür Flüssigkleber verwendest, brauchst du nur einen Tropfen Klebstoff. Mit einem Zahnstocher nimmst du den Kleber direkt von der Tube ab und bestreichst damit dein Motivteil. Alternativ eignen sich für Kleinteile auch doppelseitiges Klebeband und Klebepads.

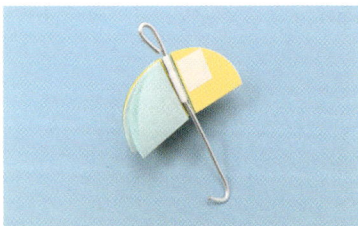

Schneide dir das Klebeband zurecht oder setze ein Klebepad auf. Ziehe die Schutzfolie ab und drücke die Teile aneinander.

ZIEHHARMONIKA FALTEN

Für eine Ziehharmonika faltest du ein Stück Papier in gleichmäßigen Abständen abwechselnd nach vorne und nach hinten. Streiche die Knicklinie nach jeder Faltung glatt.

PAPIERSPIRALE DREHEN

Wickle einen schmalen Tonpapierstreifen eng auf ein Holzstäbchen, lass ihn wieder los und ziehe das Stäbchen vorsichtig weg.

ROCAILLES AUF DRAHT AUFZIEHEN

1 Fixiere die 1. Perlenreihe auf dem Spezial-Perlen-Fädeldraht. Dazu ziehst du die 1. Perlenreihe (oder die erste Perle) auf den Draht auf und schiebst sie in die Mitte. Nun nimmst du das Drahtende, das links herausschaut und fädelst es nochmals von rechts nach links durch, sodass sich die Drähte kreuzen. Die 1. Perlenreihe ist jetzt fixiert und kann nicht mehr verrutschen.

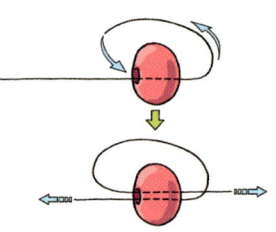

2 Nun fädelst du die 2. Perlenreihe. Zieh die Perlen nach der Zählvorlage auf das rechte Drahtende auf und ziehe das linke Drahtende entgegengesetzt durch die Perlen hindurch. So kann auch die 2. Perlenreihe nicht mehr verrutschen. Die folgenden Perlenreihen arbeitest du genauso. Lege die einzelnen Reihen dabei flach aneinander und achte drauf, dass sie möglichst gerade sind.

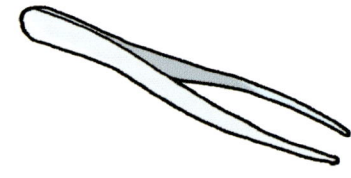

Sichern der Drahtenden

Es gibt 3 verschiedene Möglichkeiten, um die Drahtenden zu verarbeiten.

1 Endet deine Fädelarbeit mit einer breiten Perlenreihe, so ist es am besten, wenn du das rechte Drahtende nochmals durch die letzte Perlenreihe ziehst. Überspringe dabei die 1. Perle am Rand. Nun sind beide Drahtenden auf der linken Seite. Jetzt kannst du die Drahtenden miteinander verdrehen und mit dem Seitenschneider abschneiden.

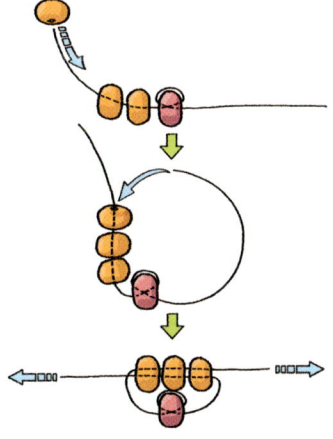

2 Wenn du z. B. die Füße einer Figur mit den überstehenden Drahtenden des Körpers fädelst, ist es am besten, wenn du die Drahtenden anschließend einzeln sicherst. Dazu

fädelst du die Drahtenden auf der jeweiligen Seite mehrmals durch die letzte seitliche Drahtschlaufe des Körpers und schneidest sie dann mit dem Seitenschneider ab. Du kannst so auch nur 2 cm lange Drahtenden sichern.

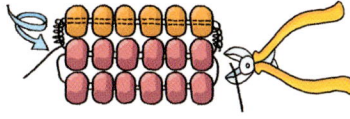

3 Endet deine Fädelarbeit mit einer sehr kurzen Perlenreihe oder nur mit einer einzelnen Perle - z. B. bei Armen oder Händen - so kannst du die Drahtenden einfach zusammenführen, miteinander verdrehen und anschließend mit dem Seitenschneider abschneiden.

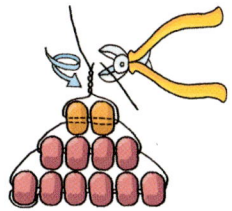

Tipp Achte darauf, dass der Draht keine Schlaufen bildet. Daraus entstehen beim Anziehen des Drahtes Knicke, an denen der Draht dann leicht brechen kann.

Basteln mit Modelliermassen

Es gibt zwei verschiedene Arten von Modelliermassen: an der Luft trocknende sowie Massen, die im Ofen gehärtet werden müssen, wie z. B. Fimo®. Was du sonst noch brauchst? Vor allem geschickte Finger. Manchmal kann auch ein Küchenmesser, Plätzchenausstecher oder ein Zahnstocher hilfreich sein. Im Bastelladen gibt es auch spezielle Modellierwerkzeuge.

Farbige Modelliermassen kannst du so lange durchkneten, bis sich die Farben vermischen. Einen Marmoreffekt bekommst du, wenn du die Knetstränge miteinander verzwirbelst. Aus langen Strängen kannst du ganze Musterwürste legen und diese dann scheibchenweise oder zu Kugeln gerollt verwenden.

VORLAGEN

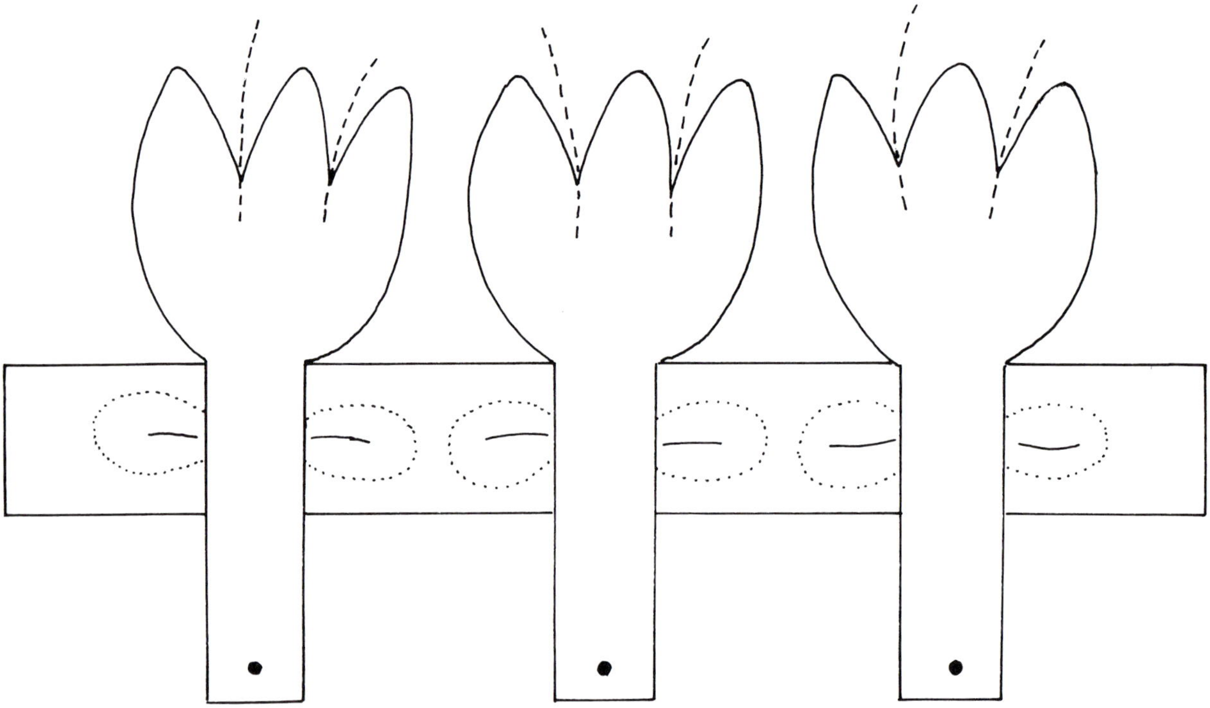

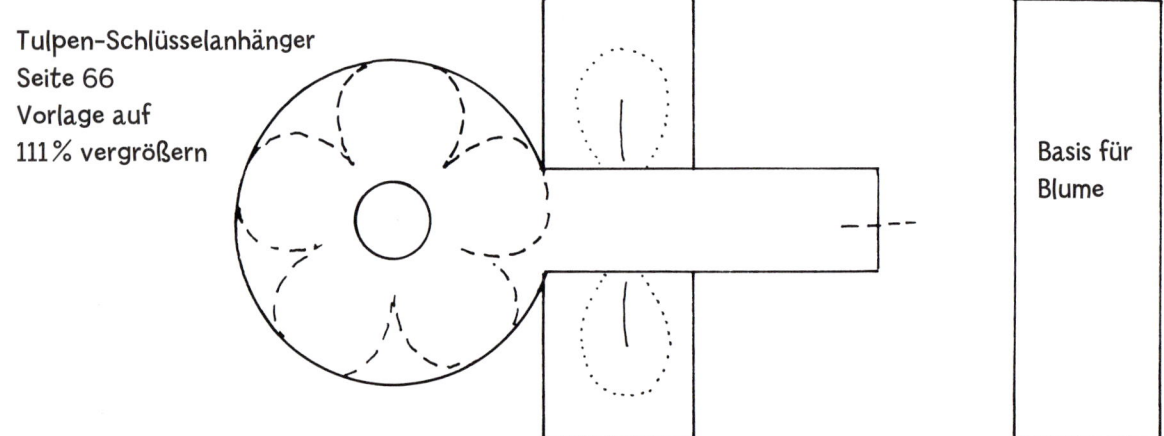

Basis für die 3 Tulpen

Tulpen-Schlüsselanhänger
Seite 66
Vorlage auf
111% vergrößern

Basis für Blume

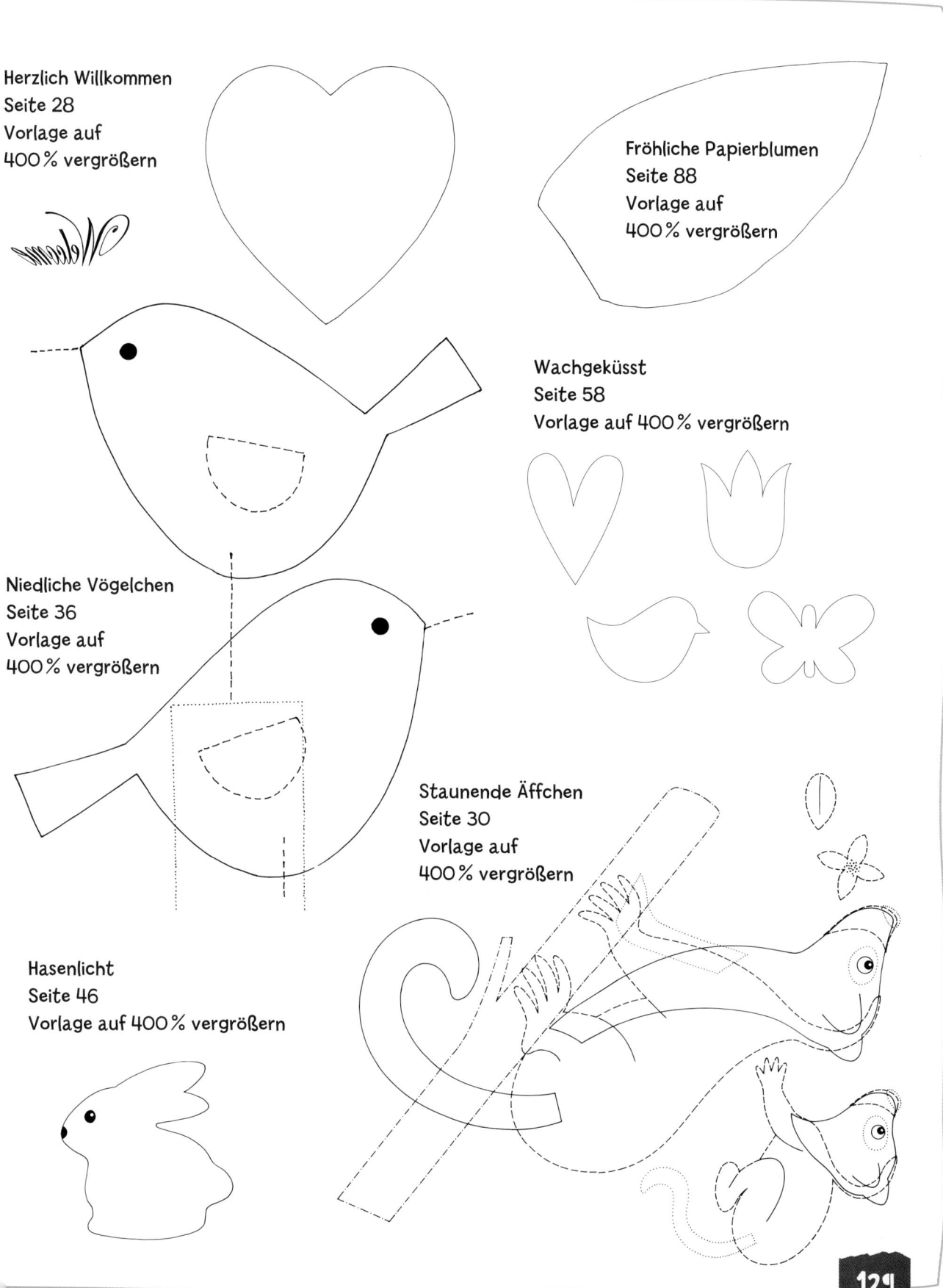

Herzlich Willkommen
Seite 28
Vorlage auf
400 % vergrößern

Fröhliche Papierblumen
Seite 88
Vorlage auf
400 % vergrößern

Wachgeküsst
Seite 58
Vorlage auf 400 % vergrößern

Niedliche Vögelchen
Seite 36
Vorlage auf
400 % vergrößern

Staunende Äffchen
Seite 30
Vorlage auf
400 % vergrößern

Hasenlicht
Seite 46
Vorlage auf 400 % vergrößern

VORLAGEN

Froschkönig-Mobile
Seite 82
Vorlage auf 200 % vergrößern

Pavillon mit Vögelchen
Seite 24
Vorlage auf 400 % vergrößern

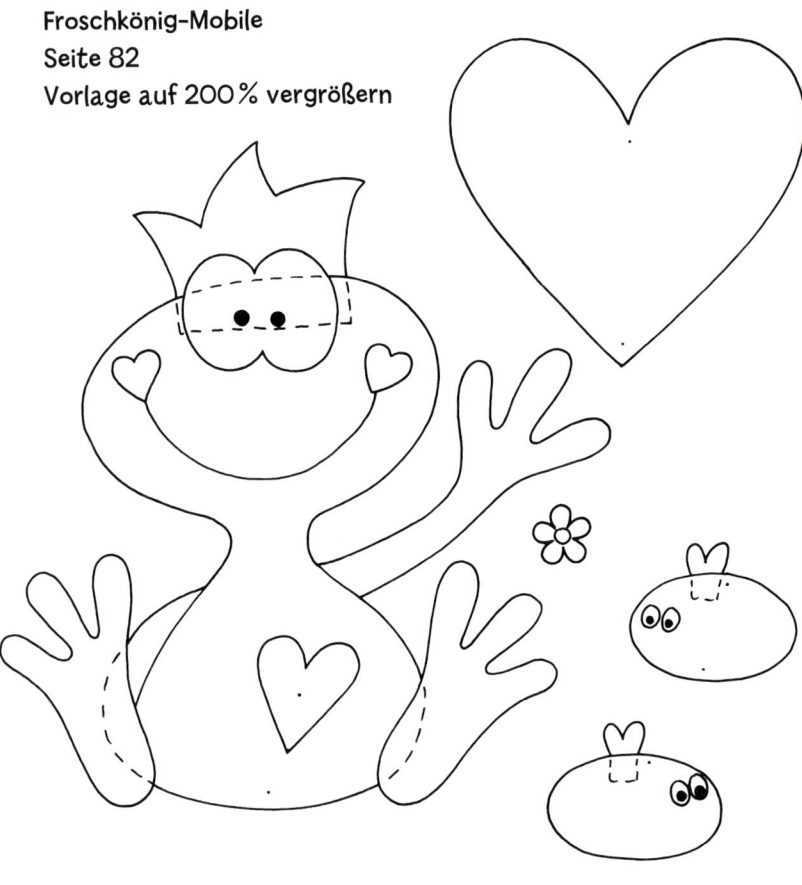

Luftig-leicht
Seite 16
Vorlage auf 400 % vergrößern

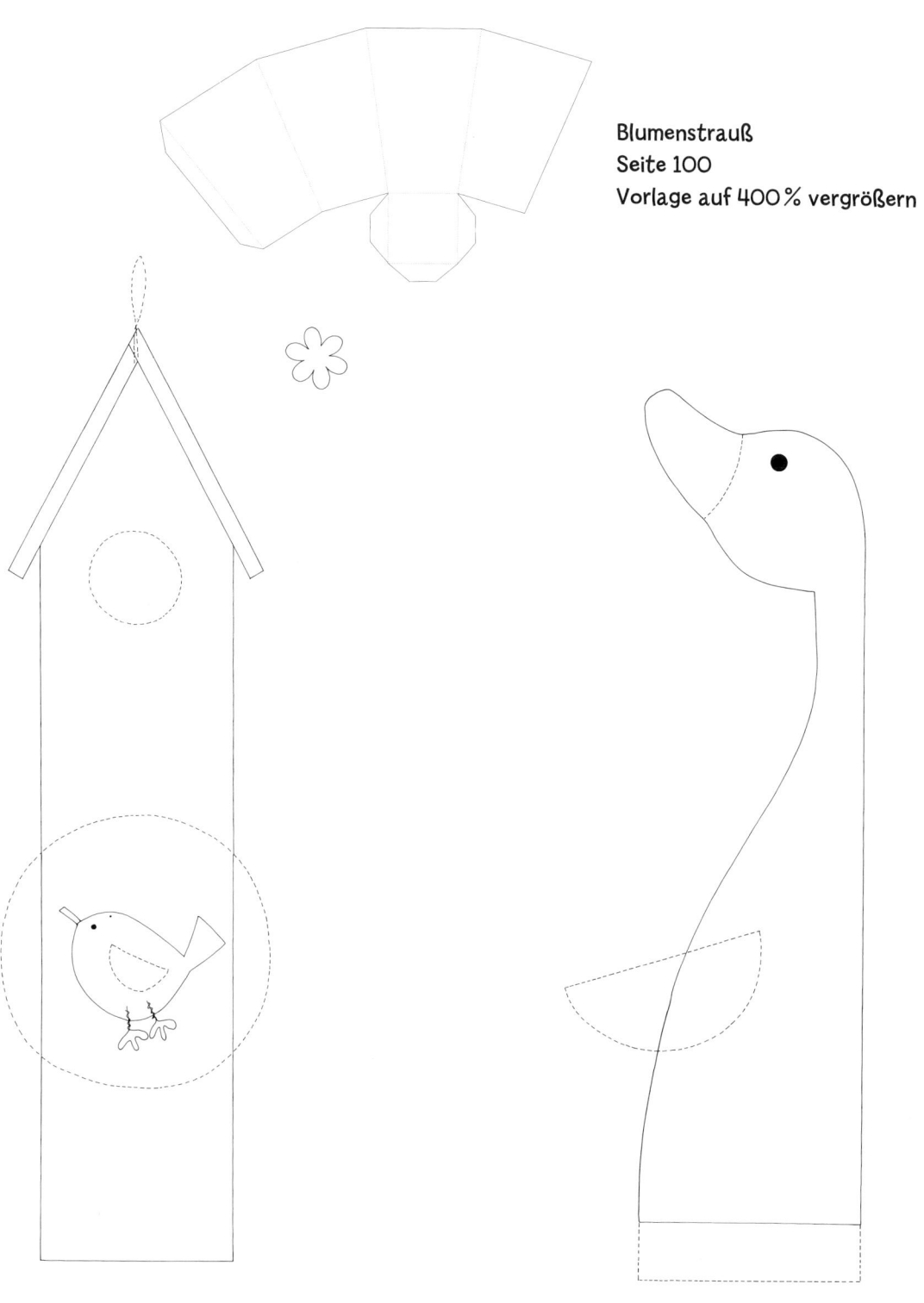

Blumenstrauß
Seite 100
Vorlage auf 400 % vergrößern

Dekoratives Vogelhaus
Seite 26
Vorlage auf 400 % vergrößern

Goldiges Gänsepaar
Seite 42
Vorlage auf 400 % vergrößern

VORLAGEN

Käferchen, flieg
Seite 72
Vorlage auf
400 % vergrößern

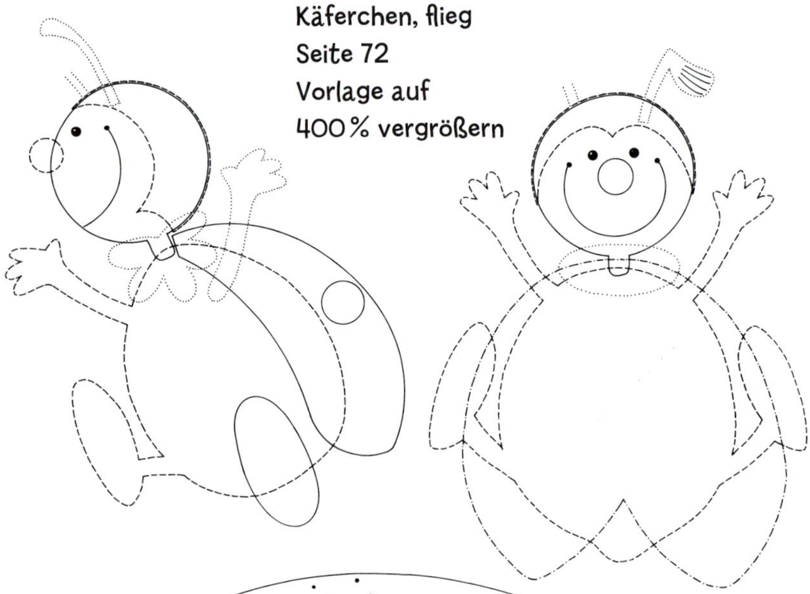

Dekorative Schale
Seite 44
Vorlage auf 200 % vergrößern

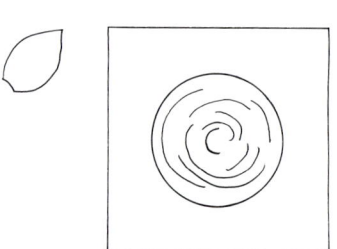

Heitere Hasen
Seite 56
Vorlage auf 400 % vergrößern

Marienkäfer
Seite 62
Vorlage auf
400 % vergrößern

Farbenfrohe Blumenstecker
Seite 70
Vorlage auf 200 % vergrößern

Partyeulen
Seite 50

Kleine Gärtnerin
Seite 52
Vorlage auf
400 % vergrößern

Kunterbunte Eulen
Seite 80
Vorlage auf 200 % vergrößern

VORLAGEN

Bunte Schmetterlinge
Seite 68
Vorlage auf 400 % vergrößern

Kakteen
Seite 110
Vorlage auf 400 % vergrößern

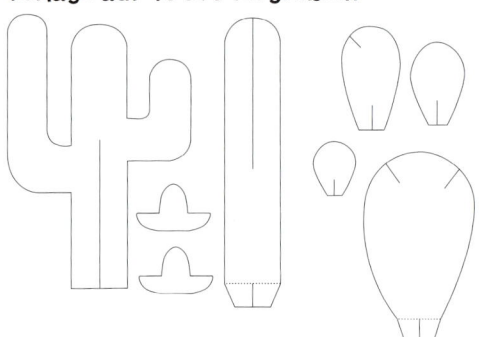

Blumenkarten
Seite 78
Vorlage auf 200 % vergrößern

Kressehühner
Seite 94

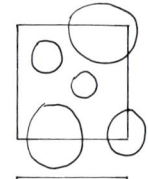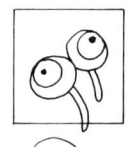

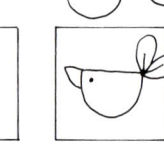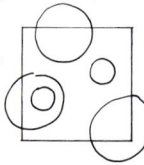

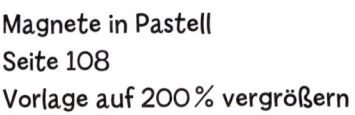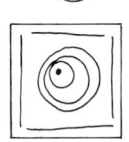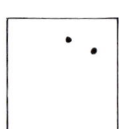

Magnete in Pastell
Seite 108
Vorlage auf 200 % vergrößern

Bunter Schmetterling
Seite 106
Vorlage auf
400 % vergrößern

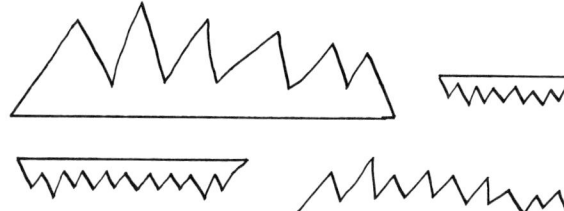

Grüne Drachen
Seite 96
Vorlage auf
200 % vergrößern

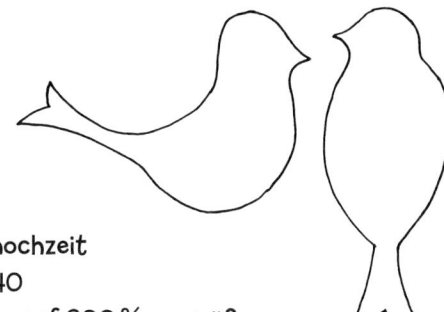

Vogelhochzeit
Seite 40
Vorlage auf 200 % vergrößern

Wahre Freundschaft
Seite 60
Vorlage auf 400 % vergrößern

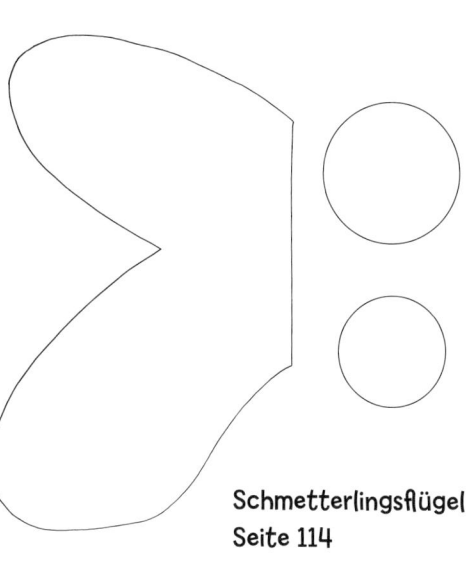

Schmetterlingsflügel
Seite 114
Vorlage auf 400 % vergrößern

Schneckenparade
Seite 118
Vorlage auf 400 % vergrößern

Buchempfehlungen für dich

Noch mehr Kreativbücher zum Thema Naturmaterial gesucht?

ISBN 978-3-7724-4561-3

ISBN 978-3-7724-4389-3

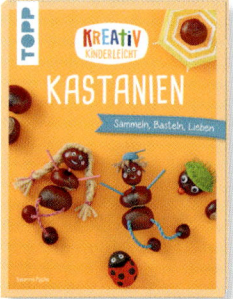

ISBN 978-3-7724-8462-9

ISBN 978-3-7724-4676-4

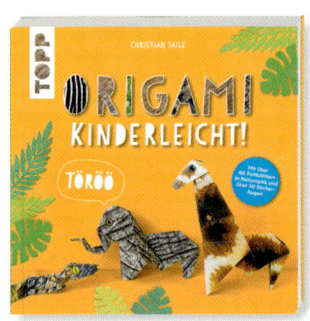

ISBN 978-3-7724-4957-4

ISBN 978-3-7724-4396-1

ISBN 978-3-7724-4397-8

ISBN 978-3-7724-4388-6

ISBN 978-3-7724-7653-2

Viele weitere Kreativ-Bücher findest du auf www.TOPP-kreativ.de

Noch mehr Kreativbücher
zum Basteln mit der Familie gesucht?

ISBN 978-3-7724-7190-2

ISBN 978-3-7724-4519-4

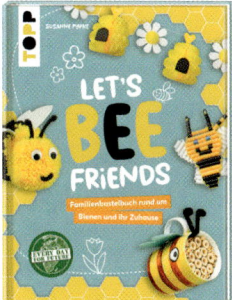

ISBN 978-3-7724-4545-3

ISBN 978-3-7724-7829-1

ISBN 978-3-7724-7626-6

ISBN 978-3-7724-4774-6

ISBN 978-3-7724-7632-7

ISBN 978-3-7724-8473-5

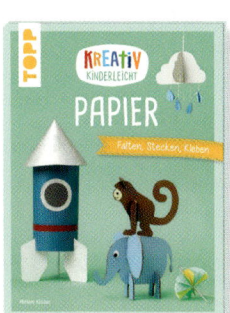

ISBN 978-3-7724-8461-2

#TOPPPROJEKT

Die eigene Kreativität zeigen: TOPPprojekt mit anderen Kreativen teilen und Teil der Gemeinschaft werden.

DIY-begeistert und auf Instagram? Dann unbedingt mitmachen! Hier gibt's Tipps und Feedback zu den eigenen Projekten. Außerdem verlosen wir jeden Monat ein Überraschungspaket. Um am Gewinnspiel teilzunehmen, einfach ein Bild vom Kreativ-Projekt aus unseren Büchern mit #TOPPprojekt posten und unserem Account @frechverlag folgen. Mehr Infos auf TOPP-kreativ.de/TOPPprojekt

Mach mit beim
#TOPPPROJEKT
#TOPPprojekt
@frechverlag

Website
Auf TOPP-kreativ.de kannst du ein riesiges Angebot von über 1.000 Kreativbüchern, Sets & mehr entdecken.

Newsletter
Gleich anmelden unter: TOPP-kreativ.de/newsletter und immer als Erstes von unseren Neuheiten und Sonderaktionen erfahren.

Instagram
@frechverlag

DigiBib
Hier findest du zusätzlich zu vielen unserer Bücher digitale Extras, wie Video-Tutorials, Plotter-Dateien, Vorlagen, Übungsblätter & vieles mehr. Einfach im Impressum deines TOPP-Buchs den Freischalte-Code nachschlagen und exklusive Inhalte freischalten. TOPP-kreativ.de/digibib

Pinterest
pinterest.com/frechverlag

Facebook
facebook.com/frechverlag

Youtube
youtube.com/frechverlag

Wer wir sind, wie wir arbeiten, was wir lieben ...

Auf Instagram, Facebook und Pinterest findest du mehr über uns und unsere Arbeit und wirst immer schnell und einfach mit den neuesten Infos versorgt.

Alle News, alle Infos und alle Links findest du auf www.TOPP-kreativ.de

IMPRESSUM

KREATIV-HOTLINE
Hilfestellung zu allen Fragen,
die Materialien und Bücher zu
kreativen Hobbys betreffen:
Frau Erika Noll berät Sie. Rufen Sie
an oder schreiben Sie eine E-Mail!
Telefon: 07 11 / 123 757 20*

*normale Telefongebühren

E-Mail: mail@kreativ-service.info

Modelle: Pia Deges (Seite 20, 50, 54, 74, 76, 84, 86, 88, 94, 96, 98, 114), Claudia Fischer/ Ilona Butterer (Seite 18, 32, 58), Gundula Günzel (Seite 78), Miriam Klobes (Seite 92, 100, 110), Silke Kobold (Seite 24), Sabine Koch (Seite 104), Maria Landes (Seite 28, 46), Patricia Morgenthaler (Seite 34), Pia Pedevilla (Seite 16, 22, 26, 36, 38, 42, 44, 52, 56, 62, 64, 66, 68, 80, 108), Susanne Pypke (Seite 40, 102, 106, 112), Heike Roland/ Stefanie Thomas (Seite 60, 70, 82), Anja Ritterhof (Seite 118), Christiane Steffan (Seite 30, 72), Armin Täubner (Seite 116)
Grundanleitung: Pia Deges (Seite 124, 125), Claudia Fischer/ Ilona Butterer (Seite 120), Gundula Günzel (Seite 125), Miriam Klobes (Seite 125,126), Sabine Koch (Seite 126, 127), Maria Landes (Seite 120, 121), Heike Roland/Stefanie Thomas (Seite 121, 122), Pia Pedevilla (Seite 121, 123, 124, 127)
Fotos und Illustrationen: Pia Deges (Schrittfotos Seite 50, 85, 86, 89, 97, 98, 124, 125), Miriam Klobes (Schrittfotos Seite 93, 101, 110, 126), Pia Pedevilla (Schrittfotos Seite 37), lichtpunkt, Michael Ruder, Stuttgart (alle übrigen), Schwab:illustrationen, Haselund (Zeichnungen Seite 102, 105, 126, 127)

Projektmanagement und Lektorat: Eva Schrecklinger, Selina Meier
Herstellung & Layout: Jessica Siebert
Satz: tebitron gmbh, Gerlingen
Covergestaltung: Melanie Herrmann
Druck & Bindung: DRUK-INTRO S.A., Polen

Der Download-Code für die Vorlagen aus der DigiBib lautet: 15030

1. Auflage 2022
© 2022 frechverlag GmbH, Turbinenstraße 7, 70499 Stuttgart
ISBN 978-3-7724-6898-8 • Best.-Nr. 6898